Patricia Mayer

Mama werden und Lehrerin bleiben

Perfekt organisiert und gelassen durch Schwangerschaft, Elternzeit und den Berufsalltag mit Kind

Gedruckt auf umweltbewusst gefertigtem, chlorfrei gebleichtem und alterungsbeständigem Papier.

1. Auflage 2017

Illustrationen: farbenfrosch, München
Satz: Druckerei Joh. Walch GmbH & Co. KG, Augsburg
Druck und Bindung: Druckerei Joh. Walch GmbH & Co. KG, Augsburg
ISBN 978-3-403-**07942**-2

www.auer-verlag.de

INHALTSVERZEICHNIS

Einleitung 5

Gesetzliche Grundlagen 6
Ich bin schwanger! Wem muss ich wann was melden? 7
Warum eine frühe Anzeige der Schwangerschaft von Vorteil ist 7
Was wann zu beantragen ist 9
Meine Rechte und Pflichten 12
Versicherung während Schwangerschaft und Elternzeit 17
Bezahlung während der Schutzfrist 18
Schutz für stillende Mütter 18
Elternzeit und Teilzeit in der Elternzeit 19

Aufgaben der Schulleitung 21

Schwanger im Unterricht 23
Wem muss ich meine Schwangerschaft in der Klasse mitteilen? 24
Das Wichtigste zur Übergabe in Kürze 24
Wo ist die Toilette? 26
The Show must go on 26
Der Unterricht will vorbereitet sein 26
Wann fährt mein Kreislauf heute Karussell? 27
Wo sind nur meine Gedanken ...? 27
Himmelhochjauchzend und zu Tode betrübt 28
Keine Angst vor Fehlzeiten 29
Wann ist die nächste Freistunde? 29
Der Notfallplan 29
Sonderfall: Abschlussprüfungen 31

Wiedereinstieg nach Mutterschutz & Elternzeit 33
Die Entscheidungsfindung 33
Bin ich eine „Rabenmutter“? 34
Und was sagen die anderen dazu? 35
Was sind die Chancen? 35
Rückkehr in die Normalität 35
Das eigene Geld 37
Endlich mal wieder schön machen 37
Andere Aufregerthemen 38
Andere Gesprächsthemen 39
Ausbruch aus der Routine 39
Akzeptierte Auszeit 40
Zeit mit den Kindern wird Qualitätszeit 40

Den Anschluss nicht verlieren . . . 41
Sprechen Sie mit Ihrer Schulleitung! . . . 43

Probleme & Lösungen . . . 44
Zu wenig Zeit . . . 44
Kinderbetreuung . . . 47
Ein krankes Kind . . . 50
Viele Fehlzeiten durch kranke Kinder und eigene Krankheit . . . 51
Selbstzweifel . . . 52
(Geistige) Überlastung . . . 53
Hektik durch Termindruck . . . 55
Unvorhersehbare Ereignisse (ungeahnte Überraschungen) . . . 56
(Phasenweise) viel zu viel Arbeit . . . 56
Perfektionismus . . . 58
Engagement außerhalb des Unterrichts . . . 60
Zusatztermine . . . 61
Schließtage in der Kita . . . 62
Erziehungsaufgaben in der Schule – Erziehungsaufgaben zu Hause . . . 62
„Du hast doch Zeit!“ – Nicht unabhängig arbeiten können . . . 64
Permanenter Stress . . . 65

Das Allerwichtigste in Kürze: Mamis kleine Helfer . . . 68

Schwanger im Referendariat . . . 69

Wichtige Adressen/Linkliste . . . 74

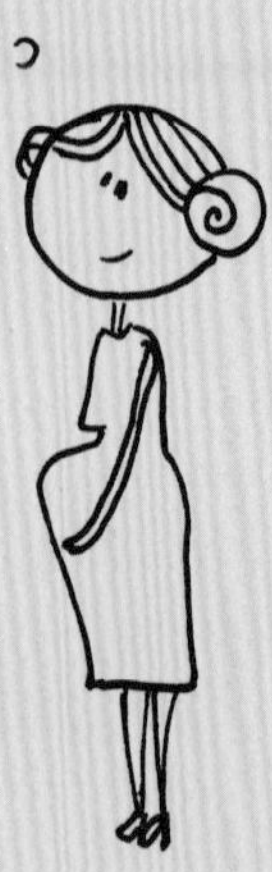

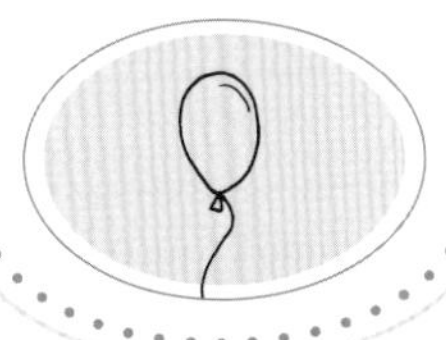

EINLEITUNG

Ein paar Fakten vorweg: Ich bin Mutti von zwei Kindern und Lehrerin. Ich bin keine perfekte Mutti und ich bin keine perfekte Lehrerin. Und ich schaffe es schon gar nicht, die beiden Rollen perfekt unter einen Hut zu bringen. Ich kenne übrigens keine Frau, die das schafft. Ich kenne jedoch einige, die es immer wieder versuchen, um dann festzustellen, dass es ganz und gar unmöglich ist.
Aber wer braucht schon das Perfekte?! Wir brauchen Ziele und müssen auch immer mal baden gehen, um dadurch zu erkennen, wohin wir wirklich wollen. Ich wähle hier bewusst nicht das Wort *scheitern*, denn durch Fehler lernen wir. In schwierigen Situationen suchen wir den Kontakt zu Kollegen, regen uns gemeinsam über die Missstände und Problemchen auf, lästern und beschweren uns. Dann erkennen wir, dass es anderen genauso geht, dass wir nicht die einzigen sind, die leiden, und dass es Lösungen für unsere Probleme gibt. Und das tut gut.

So erging es auch mir. Nach meiner ersten Schwangerschaft war für mich ziemlich schnell klar, nicht lange aus dem Schulalltag fernbleiben zu wollen und ich ging mit einer großen Portion Enthusiasmus daran, die Doppelrolle zu bewältigen. Es war eine Herausforderung, die mich – spätestens beim Wiedereinstieg nach dem zweiten Kind – an meine Grenzen brachte. In permanenter Überarbeitung fühlte ich mich wie ein immerzu jammerndes, dauerübermüdetes Etwas, das nichts, aber auch gar nichts mehr, auf die Reihe brachte. Gleichzeitig sah ich in den Medien überall Berichte über junge, dynamische Frauen, die Kind und Karriere mit spielerischer Leichtigkeit vereinbaren. Ich selbst fühlte mich als absolute Versagerin, nicht fähig, einer der Rollen auch nur ansatzweise gerecht zu werden. Als ich jedoch anfing, mit anderen arbeitenden Mamas zu sprechen, merkte ich, dass es vielen von ihnen so geht. Und ich erkannte – vor allem im Kreise meiner Kolleginnen – dass es ganz unterschiedliche Strategien gibt, mit der Dauerbelastung rund um Schule und Familie umzugehen. Das alles war für mich so hilfreich, dass ich begann, die Tricks, Tipps und Ratschläge aufzuschreiben, damit auch andere von ihnen profitieren. Sie sind auch eine werdende Mutter im Referendariat oder Schuldienst? Sie leiden unter der Doppelrolle „Familienchefin und Lehrerin"? Nehmen Sie doch einfach dieses Buch zur Hand, Sie finden Lösungen, Sie finden Anregungen und bekommen das Gefühl, nicht alleine zu sein!
Vielleicht sind Sie aber auch Schulleiterin oder Personalrat und kommunizieren oft mit jungen Lehrerkolleginnen? Auch dann ist der Band für Ihre Beratung hilfreich.

GESETZLICHE GRUNDLAGEN

Unglaublich wichtig, aber unglaublich kompliziert: Auf den ersten Seiten dieses Buches wird es um die gesetzlichen Grundlagen, Fristen und Formulare gehen. Ich gebe Ihnen erst einmal einen Überblick über all das, was Sie während Ihrer Schwangerschaft, in Ihrer Elternzeit und bei der Rückkehr in den Schuldienst wissen und beachten müssen. Wir haben in Deutschland 16 Bundesländer mit eigenen Gesetzen, deshalb gilt für dieses Kapitel unbedingt:
Nehmen Sie die Informationen als Leitfaden, als Anhaltspunkt, als erste Hilfe, aber erkundigen Sie sich unbedingt zusätzlich auch immer

- bei Ihrer Schulleitung,
- bei Ihrer Schulbehörde,
- bei Ihrem Personalrat oder
- bei Ihrem Berufsverband.

Achten Sie auf die einzelnen Fristen, diese sind für Sie zukünftig lebenswichtig. Hilfreiche Links und Adressen finden Sie im Anhang des Bandes.

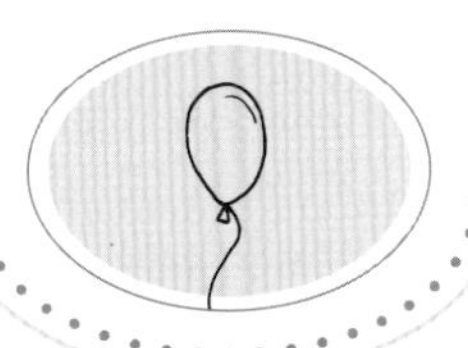

Ich bin schwanger! Wem muss ich wann was melden?

Zeigt der Schwangerschaftstest ein positives Ergebnis, überschlagen sich meist die Gedanken und bald auch die Ereignisse. Nachdem Ihnen Ihr Arzt die Schwangerschaft bestätigt hat und auch der voraussichtliche Entbindungstermin bekannt ist, sollten Sie Ihre Schulleitung darüber informieren. Sie sind hierzu nicht gesetzlich verpflichtet, nach der Bekanntgabe gelten für Sie aber die gesetzlichen Schutzvorschriften, die Sie in dieser besonderen Lebensphase absichern. Haben Sie Angst vor dem Flurfunk, der Ihre frühe Schwangerschaft überall hinträgt? Keine Angst, die „Mitwisser“ in der Schulleitung sind zur Verschwiegenheit verpflichtet. Der Entbindungstermin steht noch nicht fest? Die Schulleitung kann von Ihnen in diesem Fall ein Attest verlangen, um die Schwangerschaft zu bestätigen. Die Kosten hierfür hat der Dienstherr zu tragen. Eine ärztliche Bescheinigung des errechneten Entbindungstermins muss dann zusätzlich vorgelegt werden, um die Frage zu klären, wann genau Ihr Mutterschutz beginnt, Sie als Lehrkraft also nicht mehr zur Verfügung stehen.

Warum eine frühe Anzeige der Schwangerschaft von Vorteil ist

Die ersten Monate sind die risikoreichsten. Sollte doch etwas schiefgehen, müssen Sie sich keine Ausreden einfallen lassen, warum Sie sich in einem emotionalen Tief befinden. Eine fürsorgliche Schulleitung wird dann für den psychischen Ausnahmezustand Verständnis haben und Sie stehen mit Ihren Sorgen nicht alleine da.

Die ersten Monate der Schwangerschaft können zudem auch furchtbar anstrengend sein. Möglicherweise ist Ihnen morgens nach dem Aufstehen regelmäßig schlecht und Sie haben Probleme, pünktlich und frisch zur ersten Stunde zu erscheinen und diese auch zu halten. Sprechen Sie mit den Verantwortlichen im Schulleitungsteam oder Direktorat! Vielleicht kann Ihr Stundenplan kurz- oder auch langfristig geändert und an Ihre Umstände angepasst werden. Es hilft dem ganzen Kollegium, wenn Sie nicht jeden zweiten Morgen vertreten werden müssen. Und Ihnen hilft es, wenn Sie sich nicht ständig krank melden müssen, sondern mehr oder weniger ruhig und gelassen erst zur zweiten Stunde anfangen können. Und: Die Schulleitung muss früh das Stundenkontingent für das nächste Schuljahr planen und ist Ihnen dankbar, wenn Sie sie frühzeitig informieren, damit für Ersatz gesorgt werden kann. Vor allem, wenn Ihre Mutterschutzfrist kurze Zeit nach Schuljahresanfang beginnt, können genaue Absprachen und eine vertrauensvolle Kommunikation Möglichkeiten eröffnen. Selbstverständlich rate ich hier an dieser Stelle keiner Kollegin, sich „mutwillig“ krankschreiben zu lassen. Aber ich berichte von einem Fall, der mir persönlich bekannt ist: die Schwangere hätte nach den Sommerferien noch ca. vier Wochen bis zu ihrem Mutterschutz unterrichten sollen. Danach hätte das Kollegium das volle Stundendeputat der Schwangeren auffangen müssen. Die Schulleitung erklärte, dass es viel

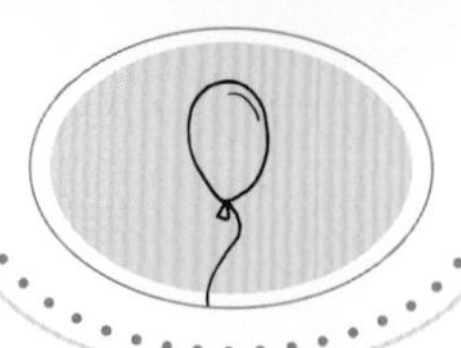

einfacher wäre, von vornherein für das komplette Schuljahr eine Ersatzkraft in Vollzeit zu bekommen, wenn die werdende Mutter ein ärztliches Attest hätte, das sie vom Dienst freistellen würde. Und somit wurde die Lehrerin bis zum Beginn ihrer Schutzfrist krankgeschrieben und allen war geholfen. Ein weiterer Fall ist ebenfalls interessant: Eine Kollegin, die Teilzeit in der Elternzeit unterrichtete, wusste schon im Frühjahr, als das neue Schuljahr geplant wurde, von ihrer erneuten Schwangerschaft. Es war klar, dass sie nach den Sommerferien nur noch einige wenige Wochen im Schuldienst sein wird. Sie bekam von der Schulleitung den Tipp, ihr Stundendeputat auf das in Elternzeit erlaubte Höchstmaß aufzustocken. Das bedeutete natürlich auch höhere Bezüge bis zum Beginn des Mutterschutzes und mehr Elterngeld.

Sie merken es schon, nun beginnt der bürokratische Formular-Dschungel, durch den Sie sich mithilfe einer Checkliste (und mit vielen Tipps) sicher einen Weg bahnen können. Denken Sie immer daran:

Tipp
Keine Angst vor der Bürokratie! Fragen Sie Ihre Schulleitung bzw. die Sekretärin, die für Ihre Personalangelegenheiten zuständig ist. Sie sind nicht die erste Schwangere im Kollegium, die zuständigen Personen wissen über alles Bescheid und Ihnen wird sicherlich von allen Seiten geholfen. Außerdem können Sie sich telefonisch bei Ihrer Schulbehörde und der zuständigen Bezügestelle informieren, wenn Sie mit den Anträgen nicht weiterkommen.

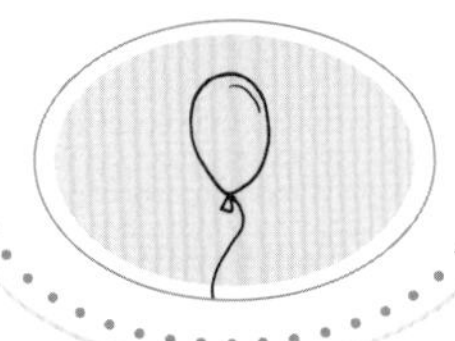

Was wann zu beantragen ist

Gefährdungsbeurteilung

Die Gefährdungsbeurteilung muss die Schulleitung durchführen, sie wird von der Schulleitung und der Schwangeren unterschrieben. Mögliche Infektionsgefährdungen finden hier Berücksichtigung.

→ nach Bekanntwerden bzw. bei Bekanntgabe der Schwangerschaft
→ Klärung des Immunschutzes

Termin mit dem BAD (Arbeitsmedizinischer Dienst, BAD GmbH)

Für weitere Untersuchungen, zum Beispiel zu Ihrem Immunstatus (siehe auch das Kapitel: „Wichtiges zur gesundheitlichen Gefährdung und deren Folgen"), kann von Ihnen ein Beratungstermin mit dem BAD vereinbart werden. Die erste Gefährdungsbeurteilung durch die Schulleitung nehmen Sie bitte dorthin mit. Die arbeitsmedizinische Beratungsstelle teilt Ihnen ihr Untersuchungsergebnis mit und gibt Ihnen eine Kopie der Werte mit, die Sie dann an Ihre Schulleitung weiterleiten.

→ nach Bekanntwerden bzw. bei Bekanntgabe der Schwangerschaft
→ Vorlage der Gefährdungsbeurteilung
→ Vorhandene Nachweise über den Immunstatus (Impfpass, Mutterpass, aktuelle Laborergebnisse)

Mutterschaftsgeld

Das Mutterschaftsgeld ist eine sogenannte Entgeltersatzleistung für Frauen, die während ihrer Schwangerschaft und im Mutterschutz ihren Beruf nicht ausüben dürfen (Beschäftigungsverbot). Dies steht nur berufstätigen Frauen zu, die gesetzlich versichert sind. Zuständig ist das Bundesversicherungsamt (www.bundesversicherungsamt.de). Als angestellte Lehrerin erhalten Sie ein Beschäftigungsverbot, wenn Ihr Leben bzw. das Leben Ihres Kindes durch die Tätigkeit in der Schule gefährdet ist. Privatversicherte Beamtinnen erhalten allerdings kein Mutterschaftsgeld, sondern eine Fortzahlung ihrer Bezüge.
In den letzten sechs Wochen vor der Geburt dürfen Sie, außer auf Ihren ausdrücklichen eigenen Wunsch hin, nicht mehr beschäftigt werden.

→ Vorlage des ärztlich attestierten voraussichtlichen Entbindungstermins
→ beim Bundesversicherungsamt (Angestellte)

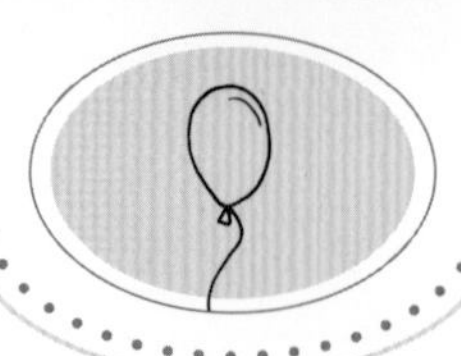

Elternzeit

Als Lehrkraft haben Sie grundsätzlich Anspruch auf Elternzeit, wenn Sie mit Ihrem Kind in einem Haushalt leben, es betreuen und erziehen. Dies gilt bis zur Vollendung des dritten Lebensjahres eines Kindes. Ein Anteil der Elternzeit von bis zu zwei Jahren ist außerdem auf die Zeit bis zur Vollendung des 8. Lebensjahres für jedes Kind übertragbar. Entscheiden Sie sich für diese Variante, so müssen Sie einen entsprechenden Antrag bei Ihrer zuständigen Dienststelle/Behörde stellen, bevor Ihr Kind das dritte Lebensjahr vollendet. Die Elternzeit ist immer spätestens sieben Wochen vor Beginn schriftlich auf dem Dienstweg zu beantragen, auch das genaue Zeitfenster ist verbindlich anzugeben, damit Ihre Vorgesetzten die Vertretung für diese Zeit regeln können.
Sie können Ihre Elternzeit auch gemeinsam mit Ihrem Partner/Ihrer Partnerin anteilig gestalten. Unterbrechungen der Elternzeit, die überwiegend auf die Schulferien entfallen, sind generell nicht zulässig. Änderungen der vereinbarten Elternzeit sind nur mit Genehmigung Ihrer zuständigen Dienststelle/Behörde möglich. Werden Sie erneut schwanger, kann die Unterbrechung der Elternzeit mit formlosem Antrag, aber rechtzeitig beantragt werden.

→ über die Schulleitung an die Schulbehörde Beantragung sieben Wochen vor Antritt! (Mutterschutz zählt NICHT zur Elternzeit!)

→ Vorlage der Geburtsurkunde des Kindes über die Schulleitung an die Schulbehörde

Elterngeld

Senden Sie den Antrag auf Elterngeld gleich nach der Geburt an die zuständige Elterngeldstelle, fügen Sie die notwendige Geburtsbescheinigung „für Elterngeld" an, die Sie zusammen mit der Geburtsurkunde beim Standesamt erhalten. Das Elterngeld können Sie in den ersten vierzehn Lebensmonaten Ihres Kindes beantragen. Jedes Bundesland hat eigene Formulare und eigene Elterngeldstellen. Bitte informieren Sie sich individuell für Ihr Bundesland.

→ zuständige Elterngeldstelle (siehe Linkliste)

Kindergeld

Als Beschäftigte im Öffentlichen Dienst beantragen Sie das Kindergeldantrag schriftlich beim Dienstherren bzw. Ihrer Vergütungsstelle. Die Bearbeitung Ihres Antrags dauert etwa 1–2 Monate, deshalb sollten Sie den Antrag rechtzeitig stellen (ggf. bereits vor der Geburt des Kindes, dann noch die Geburtsurkunde nachreichen und der Antrag wird wirksam).

→ direkt beim Dienstherren bzw. Ihrer Vergütungsstelle

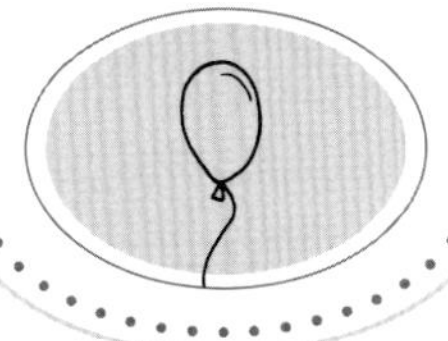

Rückkehr in den Schuldienst

Wollen Sie in den Schuldienst zurückkehren, so teilen Sie dies bitte Ihrer Schulleitung bis acht Wochen vor Ablauf der genehmigten Elternzeit mit, diese wird Ihr Schreiben auf dem Dienstweg an die Schulbehörde weiterleiten.

→ über die Schulleitung an die Schulbehörde
→ Beachten Sie, dass die Planung des neuen Schuljahres meist schon nach dem Halbjahr beginnt!

Vorzeitige Beendigung einer bestehenden Elternzeit bei erneuter Schwangerschaft

Sollten Sie während einer laufenden Elternzeit erneut schwanger werden, so beantragen Sie bitte die Unterbrechung der Elternzeit für die Zeit des Mutterschutzes. Sie erhalten dann wieder die Bezüge wie vor Eintritt der ersten Elternzeit.

→ über die Schulleitung an die Schulbehörde
→ Achtung: Erkundigen Sie sich rechtzeitig nach den Fristen bzw. danach, inwiefern Sie kurz vor oder nach den (Sommer-)Ferien Ihre Elternzeit beenden können!

Teilzeit während der Elternzeit

→ über die Schulleitung an die Schulbehörde
→ Achten Sie auch hier auf die entsprechenden Fristen und sprechen Sie mit Ihrer Schulleitung: Teilzeit muss meist kurz nach dem Halbjahr beantragt werden.

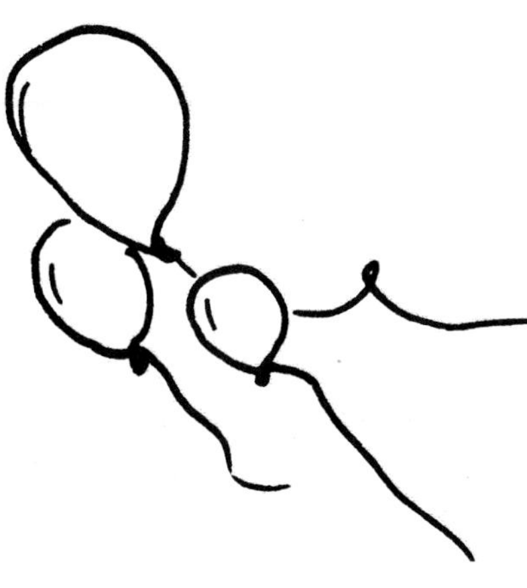

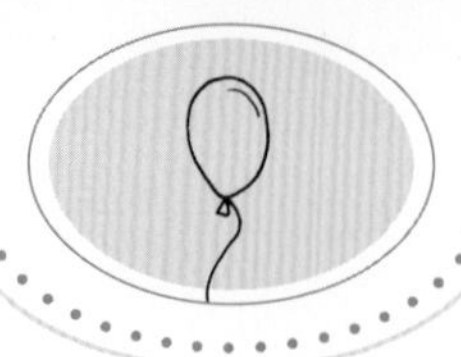

Meine Rechte und Pflichten

Als Schwangere haben Sie einige Pflichten, viele Rechte und zahlreiche Fristen im Blick. Eine genaue Darstellung dieser gesetzlichen Sachverhalte für alle 16 Bundesländer, für alle Schulformen und für jede Schule im Einzelnen wäre aber viel zu umfassend für dieses kurzweilige Buch. Deshalb erhalten Sie hier einen knappen Überblick über das Wichtigste. Ausführliche Informationen gibt Ihnen Ihre Schulleitung (vgl. dazu auch das entsprechende Kapitel in diesem Buch) oder Sie finden sie im Mutterschutzgesetz (MuSchG), in der Verordnung zum Schutze der Mütter am Arbeitsplatz (MuSchArbV) und im Arbeitsschutzgesetz (ArbSchG) (siehe Linkliste).

Gesetzliches in Kürze

Falls Sie den Wunsch geäußert haben, während Ihrer Schwangerschaft weiterbeschäftigt zu werden, dürfen Sie diese Einverständniserklärung jederzeit zurückziehen (vgl. § 3 Abs. 2 MuSchG).
Sie dürfen als Schwangere zu keinen zusätzlichen Vertretungsstunden, Aufsichten oder anderer Mehrarbeit herangezogen werden (vgl. § 8 Abs. 1 MuSchG).
Die Folgen von Mutterschutzbestimmungen dürfen sich nicht negativ auf eine dienstliche Beurteilung auswirken.
Ihr Mutterschutz, und damit ein Beschäftigungsverbot, beginnt sechs Wochen vor dem errechneten Entbindungstermin! Ausnahme: Sie äußern den ausdrücklichen Wunsch, in dieser Zeit weiterzuarbeiten (vgl. § 3 Abs. 2 MuSchG). Acht Wochen nach der Niederkunft herrscht ein Beschäftigungsverbot!
Bei Früh- oder Mehrlingsgeburten dauert diese Frist zwölf Wochen (vgl. § 6 Abs. 1 MuSchG).

Wichtig für Angestellte

Ihnen darf nicht gekündigt werden, weil Sie schwanger sind (§9 MuSchG). Sie habe das Recht, das Arbeitsverhältnis ohne Einhaltung einer Frist zum Ende der Schutzzeit zu kündigen (§10 MuSchG). Befristet abgeschlossene Arbeitsverträge enden trotz bestehender Schwangerschaft oder Mutterschutzfrist mit dem Enddatum der Befristung, ebenso auch die Lohnzahlungen durch den Arbeitgeber.

Wichtiges zur „gesundheitlichen Gefährdung“ und deren Folgen

Legen Sie Ihrer Schulleitung ein Attest Ihres Arztes vor, welches Ihre Schwangerschaft bestätigt, nimmt die Schulleitung eine erste Gefährdungsbeurteilung nach vorgegebenen Richtlinien vor. Bis zur endgültigen Klärung Ihres Impf- und Immunschutzes durch einen Amtsarzt können Sie[1] vom Unterricht freigestellt wer-

1 In einigen Bundesländern, wie beispielsweise in Nordrhein-Westfalen, ist es gesetzlich geregelt, dass eine Lehrerin bei Bekanntgabe der Schwangerschaft nach Hause geschickt werden MUSS, bis der Amtsarzt den Impf- und Immunschutz festgestellt hat (vgl. https://recht.nrw.de/lmi/owa/br_text_anzeigen?v_id=3220120203171562132). Hier gibt es aber von Bundesland zu Bundesland sehr unter-

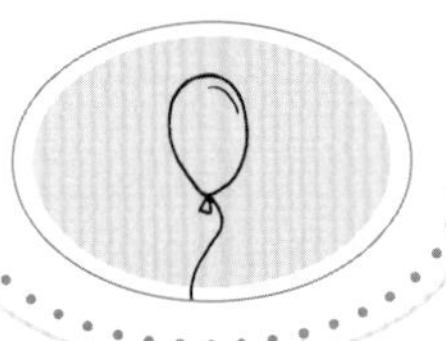

den. Ihr Gehalt wird fortgezahlt. Die erste Gefährdungsbeurteilung durch die Schulleitung wird bei der nun folgenden Untersuchung durch den Betriebsärztlichen Dienst (BAD) vorgelegt. Dieser untersucht Sie, stellt dann den genauen Immunschutz fest und erteilt Ihnen eine verbindliche Beschäftigungsempfehlung. Ist Ihr Impf- und Immunschutz unzureichend, gelten besondere Bestimmungen: Sie dürfen nun nicht mehr in Kontakt mit Kindern unter zehn Jahren kommen, sie demnach nicht unterrichten oder beaufsichtigen. Je nach Fall wird deshalb anschließend (durch Schulaufsicht, Schulleitung oder Arzt) darüber entschieden, ob Sie bis zum Mutterschutz weiterarbeiten, ggf. an einer anderen Stelle eingesetzt werden oder ein Beschäftigungsverbot erhalten. Man unterscheidet dabei das individuelle vom generellen Beschäftigungsverbot: Ein individuelles Beschäftigungsverbot wird durch den behandelnden Arzt der Schwangeren ausgesprochen, wenn sich schwangerschaftsbedingte Beschwerden durch die berufliche Tätigkeit verstärken (z. B. erhöhte Stressempfindlichkeit, langes Stehen). Hier ist ein ärztliches Attest erforderlich. Ein generelles Beschäftigungsverbot oder eine Beschäftigungsbeschränkung wird durch die Schulleitung ausgesprochen. Wenn nach erfolgter Gefährdungsbeurteilung oder Ausschöpfung aller geeigneten Maßnahmen, wie Umgestaltung des Arbeitsplatzes oder anderweitige Beschäftigung der werdenden Mutter, nicht gewährleistet werden kann, dass durch die berufliche Tätigkeit eine Gefährdung für Mutter und Kind auftreten kann, muss ein generelles, befristetes oder unbefristetes Beschäftigungsverbot ausgesprochen werden. Ein ärztliches Attest ist hierfür nicht erforderlich. Wenn bei einem Kind Ihrer Klasse eine dieser unten aufgelisteten Krankheiten auftreten, greift je nach Fall zudem ein Beschäftigungsverbot:

Krankheiten	**Inkubationszeit**	**Maßnahmen bei nicht ausreichender Immunität: Beschäftigungsverbot**
Röteln	14–21 Tage	Bis zur 20. SSW, bei Betreuung von Schülern im Alter von bis zu 18 Jahren
Windpocken	10–21 Tage	Während der gesamten Schwangerschaft bei Betreuung von Schülern im Alter bis 10 Jahre, danach nur bei Auftreten von Erkrankungen in der Einrichtung
Masern	8–12 Tage	Nur bei Auftreten von Erkrankungen in der Einrichtung
Mumps	14–25 Tage	Nur bei Auftreten von Erkrankungen in der Einrichtung
Ringelröteln	8–21 Tage	Bis zur 20. SSW bei der Betreuung von Kindern im Alter bis 10 Jahre, ansonsten bei Auftreten von Erkrankungen in der Einrichtung

(Quelle: Regierungspräsidium Karlsruhe: ABTEILUNG 7 – SCHULE UND BILDUNG, Merkblatt – Schwangerschaft, Mutterschutz und Elternzeit: zitiert nach http://docplayer.org/4728553-Regierungspraesidium-karlsruhe-abteilung-7-schule-und-bildung-merkblatt-schwangerschaft-mutterschutz-und-elternzeit.html, 5.12.2016)

schiedliche Regelungen, vgl. auch https://www.km.bayern.de/lehrer/dienst-und-beschaeftigungsverhaeltnis/lehrergesundheit.html).

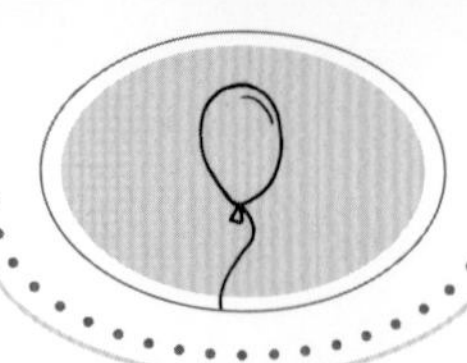

Ihre Arbeitsbedingungen müssen hinsichtlich Art, Ausmaß und Dauer der Gefährdung beurteilt werden[2]. Diese ist für jede einzelne Tätigkeit vorzunehmen. Folgende Gefährdungen sind zu beurteilen:

- physikalische Einwirkungen
- chemische Gefahrstoffe
- biologische Arbeitsstoffe

Die Gefährdungsbeurteilung sollte generell vor bzw. bei Aufnahme der Tätigkeit der gebärfähigen Lehrerin (also vor einer Schwangerschaft) durchgeführt werden, um die erforderlichen Schutzmaßnahmen insbesondere in der sensiblen Phase der Frühschwangerschaft sicherzustellen. Spätestens bei Bekanntgabe der Schwangerschaft muss die Gefährdungsbeurteilung erstellt oder auf Aktualität überprüft werden.

Risiken und Möglichkeiten, ihnen zu entgehen
Vor allem als Sport- und Chemielehrerin sind Sie oftmals besonderen „Gefahren“ ausgesetzt. Aber auch für die anderen Kolleginnen ist die Schule nicht immer ein Ort des friedlichen Zusammenlebens. Folglich sind die unten stehenden Tipps bestimmt für alle schwangeren Lehrerinnen hilfreich.

Als Risiken gelten (vgl. § 3 Abs. 1 MuSchG; § 4 Abs. 1 MuSchG):

- Arbeiten mit erhöhten Unfallgefahren (v. a. der Gefahr auszugleiten, zu fallen, abzustürzen oder tätlich – auch aus Versehen – angegriffen zu werden)
- schwere körperliche Arbeit (u. a. Heben oder Tragen von Lasten über zehn Kilogramm)
- Lärmbelästigung [> 80dB(A)
- aggressive/wilde/rempelnde Kinder
- Raumtemperatur (> 26°C)

Für Ihren Unterricht und Schulalltag bedeutet das:

- Schwere körperliche bzw. gesundheitsgefährdende Arbeiten oder
- Tätigkeiten mit erhöhtem Unfallrisiko sind nicht zulässig!

2 In einigen Bundesländern ist es möglich, das Stundendeputat zu verkürzen, in der Schwangerschaft also beispielsweise nur noch 50% zu arbeiten. Auch darüber muss der Schulleiter informieren.

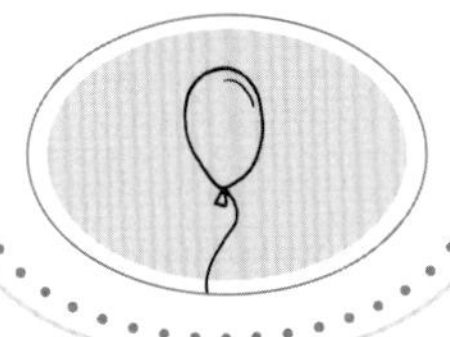

- Auf Wunsch ist die Freistellung von der Pausenaufsicht möglich.
- Die Teilnahme an Klassenfahrten oder Wandertagen ist freiwillig.
- Unterrichten Sie das Fach „Schwimmen", so müssen Sie von diesem befreit werden.
- Mehrarbeit (u. a. durch Klassenfahrten, Elternabende, Schulkonferenzen)
  → Keine Beschäftigung über 8,5 Stunden pro Tag und nach 20 Uhr: Als werdende Mutter dürfen Sie nicht zur Mehrarbeit herangezogen werden! (vgl. § 8, Absatz 1 und 2 MuSchG)
- Infektionskrankheiten (siehe oben)
  → Bei Bekanntwerden in der Schule: sofortige Rücksprache mit dem Betriebsarzt bzgl. des weiteren Verbleibs in der Schule nötig!

Hinweis: Giftige Stoffe, die kein Unterrichten erlauben, sind nach der Gefahrstoffverordnung bzw. nach der CLP-Verordnung:

Gefahrenpiktogramme

Akute Toxizität: Kategorie 1–3

Akute Toxizität: Kategorie 4
Ätzend: Kategorie 2
Hautsensibilisierend
Gezielte Organtoxizität: Kategorie 3

CMR: Kategorie 1A, 1B, 2
Atemwegssensibilisierend
Gezielte Organtoxizität: Kategorie 1, 2

Diese alten Gefahrensymbole können noch bis zum 1. Juni 2017 auf Produkten vorkommen:

alt nach Gefahrstoffverordnung **R-Sätze**		**neu** nach CLP-Verordnung* **H-Sätze Gefahrenhinweis**	
R 45	Kann Krebs erzeugen	H 350	Kann Krebs erzeugen
		H 351	Kann vermutlich Krebs erzeugen
R 46	Kann vererbbare Schäden verursachen	H 340	Kann genetische Defekte verursachen
		H 341	Kann vermutlich genetische Defekte verursachen
R 49	Kann Krebs erzeugen beim Einatmen	H 350 i	Kann beim Einatmen Krebs erzeugen
R 60	Kann die Fortpflanzungsfähigkeit beeinträchtigen	H 360	Kann die Fruchtbarkeit beeinträchtigen oder das Kind im Mutterleib schädigen
R 62	Kann möglicherweise die Fortpflanzungsfähigkeit beeinträchtigen	H 361	Kann vermutlich die Fruchtbarkeit beeinträchtigen oder das Kind im Mutterleib schädigen
R 63	Kann das Kind im Mutterleib möglicherweise schädigen	H 361 d	Kann vermutlich das Kind im Mutterleib schädigen
R 64	Kann Säuglinge über die Muttermilch schädigen	H 362	Kann Säuglinge über die Muttermilch schädigen

* CLP-Verordnung = Verordnung über die Einstufung, Kennzeichnung und Verpackung von Stoffen und Gemischen

(Quelle: Ministerium für Arbeit, Integration und Soziales des Landes Nordrhein-Westfalen)

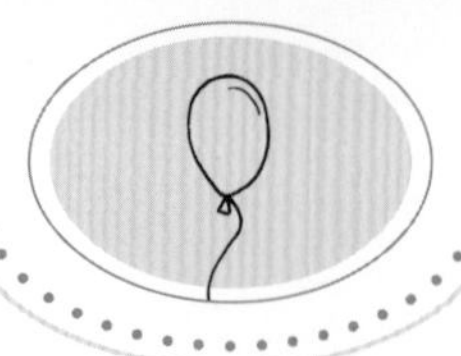

Quecksilber und Quecksilberderivate, Blei und Bleiderivate, Mitosehemmstoffe und Kohlenmonoxid, chemische Gefahrstoffe, die nachweislich in die Haut eindringen bzw. vom menschlichen Körper absorbiert werden.

R 68	Irreversibler Schaden möglich	H 370	Schädigt die Organe
		H 371	Kann die Organe schädigen
		H 372	Schädigt die Organe bei längerer oder wiederholter Exposition
		H 373	Kann die Organe schädigen bei längerer oder wiederholter Exposition

Mögliche Gefährdungen müssen also in jeder Hinsicht ausgeschlossen werden. Als Begründung dienen einerseits die oben dargestellte Sicherheitsbestimmungen, aber auch das subjektive Befinden der Schwangeren! An den einzelnen Schulen finden sich immer ganz unterschiedliche interne Lösungen – einige davon stelle ich nachfolgend dar – deren Inanspruchnahme Sie unbedingt in Betracht ziehen sollten.

Ein Hinweis aus der Erfahrung einer Grundschullehrerin:
Beachten Sie Ihre Aufsichtspflicht! Ich hatte während meiner Schwangerschaft einen Schüler, der immer wieder zu Gewaltausbrüchen neigte. Er wurde teilweise auch im Unterricht aggressiv und war schwer zu bändigen. Normalerweise habe ich ihn ruhig bekommen, indem ich ihn vor die Türe geschickt habe. Diese blieb dann offen, sodass ich ihn beaufsichtigen konnte. Wollte er nicht gehen, habe ich ihn am Arm genommen und hinausgeführt. Schwanger habe ich mir das aber nicht mehr zugetraut, da ich auch immer damit rechnen musste, dass er um sich schlägt. Zudem blieb er teilweise auch nicht mehr auf seinem angewiesenen Platz auf dem Korridor stehen und ich konnte somit meiner Aufsichtspflicht nicht mehr nachkommen. Mit meiner Schulleitung und den Eltern des Schülers traf ich folgende Abmachung: Sollte es die Situation erfordern, konnte ich bei ihm zu Hause anrufen und ihn abholen lassen. Somit wurde mein Unterricht nicht weiter gestört, ich musste mich nicht „in Gefahr" begeben und verletzte auch meine Aufsichtspflicht nicht.

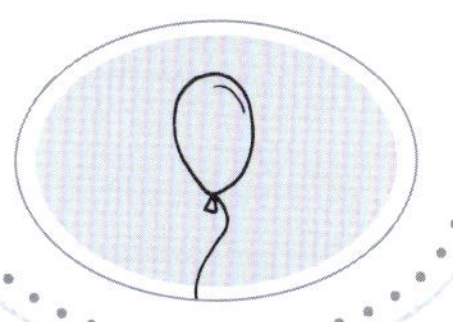

Weitere Tipps

- Ist in Ihrem Klassenzimmer ein Telefon vorhanden? Scheuen Sie sich nicht, telefonisch im Sekretariat, im Lehrerzimmer oder im Rektorat/Direktorat Beistand einzufordern. Schicken Sie anderenfalls zwei Schüler los!
- Unterrichtet ein männlicher Kollege in nächster Nähe Ihres Klassenzimmers? Bitten Sie ihn um Unterstützung.
- Gibt es an Ihrer Schule eine sozialpädagogische Fachkraft, die Ihnen möglicherweise schwierige Fälle abnehmen kann? Bitten Sie auch hier ohne Scheu um Hilfe!

Versicherung während Schwangerschaft und Elternzeit

Für Beamtinnen gilt:

- Für Beamtinnen bleibt während der Mutterschutzfrist alles beim Alten – Sie sind krankenversichert und beihilfeberechtigt. Bei Nichtbeschäftigung sowie bei Teilzeitbeschäftigung während der Elternzeit haben sie Anspruch auf die Leistungen der Krankheitsfürsorge (vgl. § 18 UrlV).
- Es besteht kein Anspruch auf eine Familienversicherung durch den versicherten Lebenspartner während der Elternzeit, wenn keine Krankenversicherung vor Beginn der Elternzeit vorlag!
- Die Erstattung von Kranken- und Pflegeversicherungsbeiträgen für die Elternzeit ist möglich, sofern die Versicherungspflichtgrenze durch die Bezüge nicht überschritten wird (§ 18 UrlV).
- Für eine Erstattung der restlichen Beträge einer beihilfekonformen Kranken- und Pflegeversicherung ist die Antragstellung bei der Bezüge- bzw. Beihilfestelle bis Besoldungsgruppe nur bis A8 möglich.
- Denken Sie daran, Ihrer Beihilfestelle die Unterlagen zur Krankenversicherung Ihres Kindes zu senden, wenn Sie Ihr Kind bei Ihnen mitversichern! Nur so ist eine reibungslose und schnelle Abwicklung der Kosten gewährleistet. Beihilfeberechtigte Lehrkräfte mit einem Kind erhalten 50% Beihilfe, mit zwei oder mehr Kindern 70%, berücksichtigungsfähige Kinder erhalten 80% Beihilfe.

Für tarifliche Angestellte gilt Folgendes:

- Die gesetzliche Krankenkasse zahlt ein Mutterschaftsgeld in Höhe von 13 Euro je Tag, der Arbeitgeber zahlt die Differenz zum Nettogehalt, das vor

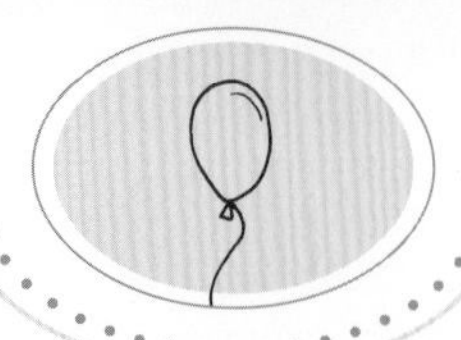

Beginn der Schutzfrist erreicht wurde. Evtl. lohnt sich eine Überprüfung der Steuerklasse zu Beginn der Schwangerschaft.

- Während der Elternzeit wird die Mitgliedschaft in gesetzlichen Kranken- und Pflegeversicherungen beitragsfrei aufrechterhalten.
- In der gesetzlichen Krankenversicherung sind Kinder beitragsfrei mitversichert.
- Die ersten 36 Monate nach Ablauf des Geburtsmonats des Kindes werden als rentenbegründende und rentensteigernde Versicherungszeiten für die Mutter angerechnet.
- Es gilt ein Anspruch auf Arbeitslosengeld, wenn die Anwartschaftszeit erfüllt ist (= mindestens zwölf Monate der zweijährigen Rahmenfrist müssen in einem Versicherungspflichtverhältnis gestanden haben).
- Versicherungspflichtig sind auch Erziehungsbeauftragte eines Kindes, das das dritte Lebensjahr noch nicht vollendet hat. Nach der Elternzeit wird die Stundenlaufzeit (Entgeltgruppe) punktgenau wieder aufgenommen.

Bezahlung während der Schutzfrist

Die Schutzfristen werden wie eine normale Arbeitszeit angesehen. Das bedeutet: Beamtinnen erhalten fortlaufend ihre Bezüge. Dabei handelt es sich während des 14-wöchigen Mutterschutzes um die Bezüge, die Sie vor dem Eintritt in Ihre Elternzeit erhalten haben. Beachten Sie bei Unterbrechung Ihrer Elternzeit wegen Eintritt in den Mutterschutz die Regelungen in Ihrem Bundesland! Auch hier gelten wieder unterschiedliche Bestimmungen für die Beamtinnen der einzelnen Länder bzw. des Bundes (vgl. https://www.bmi.bund.de/SharedDocs/Downloads/DE/Broschueren/2010/mutterschutz_elternzeit.pdf?__blob=publicationFile).
Durch eine Mutterschutzfrist wird das Ende der Probezeit nicht hinausgeschoben (im Gegensatz zur Elternzeit). Allerdings muss es für den Dienstherren möglich sein, die Bewährung festzustellen. Angestellte Lehrerinnen und somit gesetzlich Versicherte erhalten das Mutterschaftsgeld von der Krankenkasse (bis zu 13,00 Euro am Tag) zuzüglich eines Aufstockungsbeitrags des Arbeitgebers zum Durchschnittsnettoverdienst der vergangenen drei Monate.

Schutz für stillende Mütter

Für werdende und für stillende Mütter gilt der gleiche Schutz. Sie haben als Stillende nach Geburt zusätzlich ein Recht auf Stillzeit. Das bedeutet: Sie dürfen mindestens zweimal am Tag eine halbe Stunde bzw. einmal täglich eine Stunde stillen (vgl. §7 Abs. 1 MuSchG). Diese Zeit gilt als Arbeitszeit! Sie müssen die ausgefallenen Stunden nicht vor- bzw. nacharbeiten. Auch dürfen die Stunden-

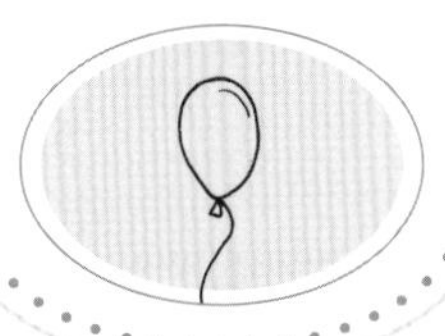

pläne nicht so gestaltet werden, dass die Stillzeiten in Freistunden fallen (vgl. §7 Abs. 2 MuSchG). Schwere körperliche bzw. gesundheitsgefährdende Arbeiten oder Tätigkeiten mit erhöhtem Unfallrisiko sind nicht zulässig (vgl. §6 Abs. 3 MuSchG).

Elternzeit und Teilzeit in der Elternzeit

Sie haben in jedem Arbeitsverhältnis, auch bei befristeten Verträgen, Anspruch auf Elternzeit! Diese dauert maximal 36 Monate und muss sieben Wochen vor Antritt beantragt werden (vgl. Checkliste zu Anträgen, Fristen etc.). Für Mütter bedeutet dies, dass sie im Anschluss an die Schutzfrist nach der Geburt in die Elternzeit eintreten, diese also auch erst nach der Geburt beantragen können. Väter können bereits ab dem Geburtstag des Kindes oder auch schon während der Schutzfrist der Mütter die Elternzeit antreten, wenn diese rechtzeitig beantragt wurde. Väter haben zudem ein Recht auf einen Tag Sonderurlaub am Tag der Niederkunft! Beide Elternteile haben bis maximal zum 36. Lebensmonat des Kindes die Möglichkeit, die Elternzeit gemeinsam zu beanspruchen. Grundsätzlich kann die Elternzeit von beiden Elternteilen unabhängig voneinander für zwei Zeitabschnitte gewählt werden.
Tarifbeschäftige Lehrkräfte müssen sich bei der Wahl der Zeiträume an keinerlei Beschränkung halten. Bei Beamtinnen gestaltet sich die Lage etwas diffiziler, was unter anderem auch daran liegt, dass hier in den einzelnen Bundesländern wieder unterschiedliche Regelungen gelten. Ich empfehle Ihnen dringend, sich an Ihre Schulleitung bzw. an die zuständige Schulbehörde zu wenden (vgl. Elternzeitverordnung für Beamtinnen).

- Die Elternzeit kann NICHT zum Beginn der Sommerferien beendet werden.
- Die Elternzeit beginnt allerdings mit dem ersten Tag des Schuljahres, der zugleich der erste Tag der Sommerferien ist.
- Die Elternzeit kann zunächst auch für nur ein Schuljahr festgelegt werden und später – mittels eines Verlängerungsantrags – erneuert werden.
- Es ist auch möglich, die schon beantragte Elternzeit zu verkürzen. Allerdings muss hierzu unbedingt mit der Schulleitung bzw. der Schulbehörde gesprochen werden, da möglicherweise eine weitreichendere Organisation nötig ist.
- Ein Anteil von maximal zwölf Monaten darf auch zwischen dem dritten und achten Lebensjahr des Kindes liegen. Aber Achtung: Dies muss rechtzeitig vor dem dritten Lebensjahr des Kindes übertragen werden!

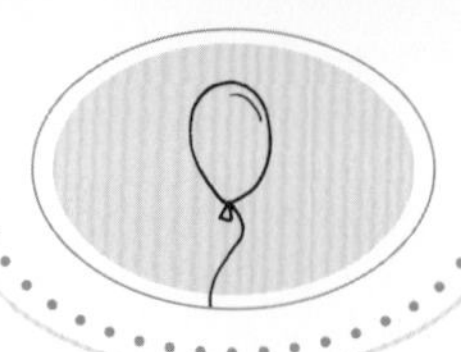

Teilzeit in der Elternzeit

Sie haben die Möglichkeit, während Ihrer Elternzeit einer Teilzeitbeschäftigung nachzugehen. Diese darf wöchentlich maximal 30 Stunden umfassen. Mit Zustimmung der Schulbehörde darf sie auch bei einem anderen Arbeitgeber stattfinden. Von Bundesland zu Bundesland, und auch von Schulart zu Schulart, gibt es auch hier wieder unterschiedliche Regelungen, was die Höchst- und die Mindeststundenanzahl betrifft, die Sie von Ihrer Schulleitung erfahren.
Sie erhalten die Bezüge, die Ihrer Unterrichtsstunden entsprechen, was bedeutet, dass zwischen Teilzeit in Elternzeit und „normaler" Teilzeit nicht unterschieden wird. Während es bei letztgenannter möglich ist, dass Ihre Stunden im Laufe des Schuljahres – beispielsweise bei der Notwendigkeit, längerfristig einen Stundenausfall an der Schule zu kompensieren – hochgesetzt werden können, darf dies bei Teilzeit in Elternzeit nicht geschehen. Auch dürfen Sie in dieser Zeit nicht versetzt werden, außer es ist Ihr ausdrücklicher Wunsch, die Schule zu wechseln. Ein Zeitraum von 36 Monaten kann als Kindererziehungszeit berücksichtigt werden.

Unterbrechung der Elternzeit wegen einer Mutterschutzfrist

Werden Sie während Ihrer Elternzeit erneut schwanger, unterbrechen Sie diese mit Beginn des Mutterschutzes (Achtung: Elternzeit kann nicht zum Ende des Schuljahres unterbrochen/beendet werden). Die Bezüge, die Sie während der Schutzfrist erhalten, entsprechen derer vor Ihrem Eintritt in die Elternzeit. Die Elternzeit, die Sie dann „übrig" haben, können Sie „aufheben" und innerhalb der ersten acht Lebensjahre des Kindes erneut beantragen. Für das weitere Kind stehen Ihnen ebenfalls 36 Monate Elternzeit zur Verfügung.

Elterngeld

In den ersten 14 Lebensmonaten des Kindes haben Sie Anspruch auf Elterngeld, das Sie bei der zuständigen Elterngeldstelle beantragen. Dieses ersetzt 63 bis 67 Prozent des bisherigen Nettoerwerbseinkommens des erziehenden Elternteils. Der Mindestbetrag liegt bei 300 Euro, der Höchstsatz bei 1.800 Euro.

Tipp

Sind Sie während einer ersten Elternzeit einer selbstständigen Arbeit nachgegangen? Ich habe beispielsweise nebenher immer als freie Autorin gearbeitet, wenn auch nur in sehr geringem Umfang. Diese Tätigkeit habe ich bei der Beantragung des Elterngeldes in der Elternzeit meines zweiten Kindes angegeben, was sich deutlich positiv auf die Höhe ausgewirkt hat. Seien Sie also ehrlich und geben Sie jegliche Einnahmequelle an!

AUFGABEN DER SCHULLEITUNG

Im folgendem Kapitel soll es nicht so sehr darum gehen, schwangeren Schulleiterinnen Ratschläge zu geben, sondern mehr darum, schwangeren Kolleginnen aufzuzeigen, in welchen Situationen sie sich vertrauensvoll an die Schulleitung wenden dürfen und auch müssen, um Hilfe und Unterstützung zu bekommen. Da diese Aspekte in den Kapiteln „Meine Pflichten, Rechte und Fristen" und „Schwanger Unterricht halten" bereits ausführlich thematisiert werden, genügt hier eine informierende Auflistung.
Es ist (leider) so, dass es deutschlandweit recht unterschiedliche Regelungen gibt, da Bildung und Forschung und die damit einhergehenden rechtlichen Grundlagen Ländersache sind bzw. die Beamten dem jeweiligen Beamtenrecht des Landes unterstehen (vgl. Liste der Bildungsministerien: https://de.wikipedia.org/wiki/Bildungsministerium). Ich kann deshalb an dieser Stelle nicht jede einzelne, im Kleinen abweichende, Regelung auflisten. Aber ich raten Ihnen dringend: Fragen Sie bei Ihrer Schulleitung nach, sie ist verpflichtet, Ihnen die relevanten Informationen bezüglich Ihrer Pflichten, aber vor allem auch Ihrer Rechte, zugänglich zu machen!

Die Schulleitung ist Ihr Ansprechpartner, wenn es um Ihre Rechte und Pflichten als Schwangere gemäß dem Mutterschutzgesetz (MuSchG) und gemäß der Verordnung zum Schutze der Mütter am Arbeitsplatz (MuSchArbV) geht.

- Sie spricht ein zeitlich begrenztes Beschäftigungsverbot aus, bis die Immunitätslage der Schwangeren durch einen Arzt geklärt ist.

- Sie beurteilt die individuellen Arbeitsbedingungen der werdenden Mutter und leitet, falls Gefährdungen festgestellt werden, Schutzmaßnahmen ein (Gefährdungsbeurteilung). Je nach Bundesland ist es beispielsweise auch möglich, das Stundendeputat zu kürzen und nur noch anteilig zu unterrichten.
- Der Arbeitgeber muss die Arbeitsbedingungen so gestalten, dass die Schwangere, das ungeborene Kind oder die stillende Mutter und ihr Kind nicht gefährdet werden! Wenden Sie sich an Ihre Schulleitung, wenn Sie eine Optimierung des Arbeitsumfeldes wünschen oder benötigen. Es gibt auch die Möglichkeit einer alternativen Beschäftigung im Rahmen der Risikominimierung, wie beispielsweise in der Planung und Organisation des Schulalltags oder in der Entwicklung von Unterrichtsmaterialien. Steht kein geeigneter Arbeitsplatz zur Verfügung, müssen Sie von der Arbeit freigestellt werden.
- Hinsichtlich eines Beschäftigungsverbots gibt es zwei Möglichkeiten: der Facharzt stellt ein Attest für ein individuelles Beschäftigungsverbot aus, die Schulleitung kann ein generelles Beschäftigungsverbot oder eine Beschäftigungsbeschränkung aussprechen.
- Die Schulleitung ermittelt, gemeinsam mit der werdenden Mutter, die Infektionsgefährdung an der Schule und steht unter Verschwiegenheitspflicht. Gegebenenfalls können der Personalrat, die Gleichstellungsbeauftragte oder bei tariflich beschäftigten Schwangeren das Gewerbeaufsichtsamt und die übrigen weiblichen Beschäftigten der Schule anonym informiert werden, wobei der tatsächliche Immunstatus der Schwangeren nicht bekanntgegeben werden darf.
- Bei ausdrücklichem Wunsch der Lehrkraft nach Weiterbeschäftigung darf die Schulleitung diesem mit einer schriftlichen Einverständniserklärung der Schwangeren nachkommen.

Tipp
In Gesprächen habe ich immer wieder festgestellt, dass das Verhalten der einzelnen Schulleitungen stark divergiert. Die einen bekamen so gut wie keine Informationen zu ihren Rechten und Pflichten und mussten sich um alles selbst kümmern, die anderen wurden, obwohl sie die Schwangerschaft noch nicht einmal mitgeteilt hatten, auf bloßen Verdacht hin vom Schulleiter persönlich zu Hause angerufen und „gewarnt", weil Windpocken an der Schule grassierten. Deshalb mein Rat: Fordern Sie Ihre Rechte ein und scheuen Sie sich nicht, das eine oder andere Mal häufiger nachzufragen. Es geht um Sie und Ihr Kind!

SCHWANGER IM UNTERRICHT

Elternsprechabend im April
„Ich unterrichtete einen Deutschkurs in der Q11 und wir bereiteten uns schon seit Beginn des Schuljahres intensiv auf das Abitur vor. Einer meiner liebsten Sätze im Unterricht lautete: ‚Im Abitur wird die Aufgabenstellung GENAUSO lauten und dann möchte ich genau DAS lesen!' Seit knapp zwei Monaten wusste ich aber, dass ich schwanger bin und damit den Kurs NICHT zum Abitur führen und auch die Abituraufgaben NICHT korrigieren würde. Doch dies wusste nur ich, nicht die Schüler, nicht die Eltern. Am Elternsprechabend besuchte mich eine sehr besorgte Mutter eines fleißigen, aber nicht zu den Besten zählenden Schülers und erzählte mir, welch große Angst ihr Sohn vor dem Deutschabitur habe und wie froh er sei, dass ich das korrigieren werde. Das sei doch wirklich so, oder??? Denn diese Gewissheit würde ihren Jüngsten und auch sie besser schlafen lassen, wisse man so wenigstens ein bisschen, was auf einen zukommen werde, worauf Wert gelegt werde. Mir blieb nichts anderes übrig, als zu lügen …"

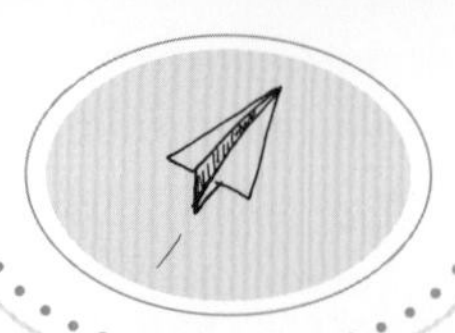

Wem muss ich meine Schwangerschaft in der Klasse mitteilen?

Sie haben keine Pflicht, Ihren Schülern und den Eltern Ihre Schwangerschaft mitzuteilen. Dennoch sollten Sie dies natürlich irgendwann tun, und sei es aus dem Grund, dass sie den Gerüchten über exzessiven Schweinebratengenuss Ihrerseits entgegenwirken und Ihren doch etwas zugenommenen Bauchumfang erklären möchten. Machen Sie den Termin der Bekanntgabe abhängig von Ihrer aktuellen Schul- und Unterrichtssituation. Stehen besondere schulische Termine an, wie beispielsweise das Abitur in obigem Fall, empfehle ich Ihnen die frühere Mitteilung. Unterrichten Sie in der Grundschule, dann ist der Übertritt auf eine weiterführende Schule sicherlich auch ein Umstand, der hier unbedingt berücksichtigt werden muss. Wichtig ist auf jeden Fall, mögliche Unsicherheiten ernstzunehmen, die Eltern und Kinder zu beruhigen und allen so die Angst vor einem Lehrerwechsel zu nehmen. Sie sollten klarstellen, dass es der Unterrichtsqualität keinen Abbruch tut, wenn Sie schwanger unterrichten. Bereiten Sie vor Ihrer Verabschiedung in den Mutterschutz eine saubere Übergabe vor, damit sich alle Beteiligten – Schüler, Eltern und auch Kollegen – nicht allein gelassen fühlen. Oftmals beginnt der Mutterschutz während des Schuljahres, teilweise einfach mitten in der Schulwoche. Wenn alles normal läuft, steht der Zeitpunkt aber schon eine Weile fest und ist somit einigermaßen planbar. Schließen Sie Unterrichtssequenzen ab, hinterlassen Sie keine unkorrigierten Arbeiten und übergeben Sie korrekte, saubere und übersichtliche Notenlisten. Die Kollegen, die Ihren Unterricht übernehmen, freuen sich auch sehr über eine Liste mit den schon behandelten bzw. noch anstehenden Themen. Vielleicht möchten Ihre Nachfolger auch etwas über die Klassensituation und über die einzelnen Schüler wissen? Dann treffen Sie sich einfach für ein kurzes Gespräch mit dem Kollegen bzw. der Kollegin. Ihren Schülern und den Eltern erklären Sie natürlich auch, dass ihnen auf keinen Fall Nachteile entstehen werden, dass alle Noten sauber übergeben sind und dass alle weiterhin gut unterrichtet und betreut werden. Es ist sehr wichtig, allen zu versichern, dass es – nicht nur in sensiblen Situationen wie Abitur oder Übertritt – immer Richtlinien (Lehrplan, Schulordnung …) gibt, an die sich ALLE Lehrer halten müssen und es somit keinen wirklich gravierenden Unterschied macht, wer genau die Klasse nun unterrichtet.

Das Wichtigste zur Übergabe in Kürze

- Themenliste in Abgleich mit dem Lehrplan: Was wurde durchgenommen, was steht noch an?
- Notenlisten: übersichtlich und korrekt
- Absprache der Termine für noch anstehende Arbeiten, Referate …

- Informationen über klasseninterne Absprachen: gibt es besondere Richtlinien für Heftführung, Präsentation der Arbeitsergebnisse, Ausarbeitung von Referaten, Verhalten im Unterricht …

- Informationen über die Klassensituation: Gibt es etwas, was Ihr Nachfolger unbedingt wissen MUSS, wie z. B. einzelne Schülersituation, Erziehungsmaßnahmen, individuelle Absprachen mit Eltern?

Einige Tipps für die Kolleginnen der Grundschule
Denken Sie daran, dass die Information kurz vor den Ferien vielleicht verunsichern könnte und der Feriengenuss des einen oder anderen Schülers getrübt wird, wenn er weiß, dass Neues auf ihn zukommt. Geben Sie den Schülern die Möglichkeit, Fragen zu stellen oder eigene Erfahrungen mit kleinen/neuen Geschwistern oder der schwangeren Mama zu berichten. Wenn Sie einen engen und regelmäßigen Kontakt zu den Klasseneltern haben, vielleicht auch immer bei Elternstammtischen dabei sind, freuen sich die Eltern bestimmt über eine persönliche schriftliche Mitteilung von Ihnen, auch wenn die Kinder schon längst von der Schwangerschaft ihrer Lehrerin als sensationelle Neuigkeit am Mittagstisch erzählt haben.
An vielen Schulen hat sich der sehr schöne Brauch eines kleinen Abschiedsfestes eingebürgert. Organisieren Sie, am besten zusammen mit den Klasseneltern, je nach Jahreszeit, einen gemeinsamen Spielnachmittag auf dem Sportplatz, ein kleines, klasseninternes Sommerfest auf dem Pausenhof oder eine Nikolaus- oder Weihnachtsfeier im Klassenzimmer. Ich habe auch schon von Grillfesten in Parkanlagen und auf Spielplätzen gehört. Sie kennen Ihre Klasse und wissen, welchen Arbeits- und Organisationsaufwand Ihr eigener Zustand noch zulässt. Auch wenn Sie das Schulgelände als Veranstaltungsort nutzen, was Sie aber natürlich mit der Schulleitung absprechen müssen, handelt es sich dabei nicht um eine Schulveranstaltung, bei der Sie allein die Aufsichtspflicht haben, da die Eltern ebenfalls anwesend sind. Teilen Sie sich die Vorbereitung des Festes und die Unterhaltung der Kinder und es wird für alle ein Nachmittag werden, an den man sich gerne erinnert.

Auch das subjektive Empfinden der Schwangeren dient als Begründung, mögliche Gefährdungen im Schulalltag auszuschließen. Und an subjektiven Empfindungen mangelt es einer werdenden Mutter nie! Scheuen Sie sich nicht, Ihr Befinden bzw. mögliche Probleme, die der Unterricht und das Schulleben mit sich bringen, anzusprechen. Für die meisten gibt es eine Lösung. Und dass dies wirklich so ist, zeigen folgende – echt wahre – Erfahrungsberichte von ganz vielen Kollegen.

Wo ist die Toilette?

Ich musste während der ganzen Schwangerschaft permanent auf die Toilette. Es vergingen keine 30 Minuten, ohne dass ich nicht mindestens einmal den Drang hatte, das stille Örtchen aufzusuchen. Mein Klassenzimmer lag aber am anderen Ende des Korridors, es war jedes Mal ein weiter Weg und somit eine verhältnismäßig lange Zeit, die ich die Klasse alleine lassen musste. Kurzerhand ging ich zu meinem Direktor und bat ihn, mir und meinen Schülern einen anderen Klassenraum zur Verfügung zu stellen. Gesagt, getan. Ich tauschte mit einer Kollegin die Räume und konnte somit jederzeit kurz und unauffällig auf die Toilette huschen.

The Show must go on

Die Eine-Frau-Show, die im normalen Unterrichtsalltag vor einem mehr oder weniger interessierten und aufmerksamen Publikum stattfinden muss, kann ganz schön anstrengend sein. Mir fiel es im Laufe der Schwangerschaft immer schwerer, die Unterrichtsstunden oder sogar den ganzen Vormittag als Animateurin, Domteurin und Dozentin durchzu**stehen** – im wahrsten Sinne des Wortes. Also versuchte ich, mich mehr und mehr aus dem Unterrichtsgeschehen herauszunehmen und die Schüler selbsttätig arbeiten und präsentieren zu lassen. Gruppenarbeiten, Lernzirkel, Übungssequenzen, Arbeit mit dem Schulbuch etc. eignen sich hierfür hervorragend! Diese Art des Unterrichts bedeutet zwar einen etwas größeren Aufwand in der Vorbereitung, die Stunden verlaufen aber weniger kräftezehrend. Zu Hause hatte ich die Muse, alles in Ruhe und vor allem in meinem Arbeitstempo und sitzend vorzubereiten. In der Schule habe ich die Schüler, während sie gearbeitet haben, beraten und ihre Fragen beantwortet, saß dabei aber hinter meinem Pult und ließ sie zu mir nach vorne kommen. Wenn sie ihre Arbeitsergebnisse präsentiert haben, war ich ebenfalls Zuschauerin und bewertete die Resultate aus dem Plenum heraus. So war es nicht mehr ganz so anstrengend, den Schulalltag zu überstehen.
Übrigens: Zeigen Sie auch Filme im Unterricht, das ist wirklich eine Win-Win-Situation! Im Anschluss bearbeiteten die Schüler entweder ein passendes Arbeitsblatt oder Sie besprechen den Inhalt im Unterrichtsgespräch. In den folgenden Stunden werden Sie überrascht sein, wie viel davon noch präsent ist, was Sie dann auch wieder bestätigen wird, diese Methode guten Gewissens auch in Zukunft zur eigenen Entlastung einzusetzen.

Der Unterricht will vorbereitet sein ...

Vor allem nachmittags überfiel mich meist eine bleierne Müdigkeit, der ich nicht entkam. An langwierige Vorbereitungen für den nächsten Tag war nicht zu denken. Wie hilfreich waren da doch meine Ordner mit den Materialien der letzten

Jahre. Und auch, wenn der eine oder andere Stundenentwurf den Vermerk „zu überarbeiten“ hatte, leisteten mir die Unterlagen, so wie sie waren, die besten Dienste. Ich las sie einmal durch, packte sie in meine Schultasche für den nächsten Tag und konnte mich den Nachmittag über ausruhen. Und die Unterrichtsstunden liefen alle einwandfrei – ich war schließlich erholt. Für die Stunden, für die ich keine oder nur wirklich unbrauchbare Materialien hatte, fragte ich meine Kollegen, die die Parallelklassen unterrichteten, nach Ideen und auch mal nach Arbeitsblättern. Ich bekam von allen Seiten Unterstützung und konnte somit meine Kräfte wirklich schonen. Ein weiterer, praxiserprobter Tipp:
Nutzen Sie die Stillarbeitsphasen der Schüler, um noch die eine oder andere Vorbereitung zu erledigen. Ich habe in dieser Zeit zum Beispiel einen Text (noch einmal) gelesen, den ich später in der Stunde mit der Klasse bearbeiten wollte. Teilweise habe ich es nachmittags zu Hause vor lauter Müdigkeit auch nicht mehr geschafft, Fragen auszuarbeiten oder mir mögliche Schülerantworten und Reaktionen darauf zu überlegen. Auch dies kann zwischendurch während einer Arbeitsphase im Unterricht erledigt werden.

Wann fährt mein Kreislauf heute Karussell?

Mit Grauen denke ich an die ersten Schwangerschaftsmonate zurück. Ich war von einer unberechenbaren Übelkeit geplagt, die jede Unterrichtsstunde zu einem labilen Ereignis machte. Frische Luft allerdings half meistens und so informierte ich meine Kollegen, die in meiner „Nachbarschaft“ unterrichteten. Wenn es wieder einmal soweit war, dass ich dringend frische Luft schnappen musste, ließ ich die Tür meines Klassenzimmers auf – die Schüler waren mit Arbeit versorgt – und bat die Kollegin von gegenüber, ein Auge auf meine Klasse zu werfen. So konnte ich guten Gewissens ein paar Minuten draußen bleiben und warten, bis sich mein Kreislauf wieder stabilisiert hatte. Toll, wenn derartiges Teamwork möglich ist! Manchen Frauen hilft bei akuten Kreislaufproblemen und Übelkeit auch etwas zu essen oder zu trinken. Legen Sie sich Traubenzucker, Studentenfutter, Obst oder Ähnliches bereit und halten Sie auch immer genügend Getränke verfügbar. Sollte in Ihrer Schule in den Klassenzimmern bzw. während des Unterrichts ein Ess- und Trinkverbot gelten, erklären Sie Ihren Schülern Ihre besondere Situation und die Ausnahme, die hier nun gemacht wird. Was für die schwangere Lehrerin gilt, gilt natürlich noch lange nicht für die Schüler.

Wo sind nur meine Gedanken ...?

Ein sehr belastendes Problem während meiner Schwangerschaft war für mich die nachlassende Konzentrationsfähigkeit. Ich wusste abends teilweise schon nicht mehr, was ich mittags gegessen hatte. Und so verhielt es sich leider auch mit Schülernamen, Fachbegriffen und – als Englischlehrerin sehr lähmend – mit den

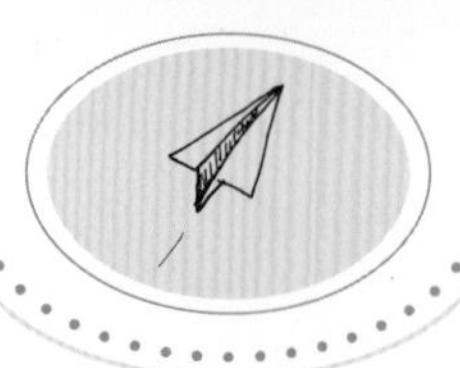

Vokabeln. Mir wollte oftmals einfach nichts mehr einfallen und das führte zu äußerst skurrilen Situationen in der Klasse. Die Schüler schauen einen wirklich verdutzt an, wenn sie zum wiederholten Mal mit dem falschen Namen angesprochen werden, obwohl das Schuljahr schon weit fortgeschritten ist, man sich also recht gut kennt. Sie zweifeln auch an dem Verstand ihrer Lehrerin – so kam es mir zumindest vor – wenn diese nicht in der Lage zu sein scheint, die einfachsten englischen Sätze zu formulieren. Vor einiger Zeit konnte sie das schließlich noch hervorragend. Genervt sprach ich mit meiner Frauenärztin darüber, die mir erklärte, dass mangelnde Konzentrationsfähigkeit in meinem Zustand ganz normal sei. Schuld daran seien die Hormone. Somit gab es kein Auskommen aus meiner Lage und es half nur die Flucht nach vorne. Ich erklärte den Schülern meinen – von Zeit zu Zeit – etwas verwirrten Geisteszustand und bat sie, nachsichtig zu sein. Sie hatten Verständnis und ich konnte wieder ohne Angst vor der nächsten Blamage unterrichten.

Himmelhochjauchzend und zu Tode betrübt ...

Nicht nur die nachlassende Konzentrationsfähigkeit, sondern auch die extrem schwankenden Gemütslagen machen Schwangeren zu schaffen. So erzählen Kolleginnen immer wieder, dass ihnen mitten in der Unterrichtsstunde urplötzlich zum Heulen zumute war und die Tränen schon deutlich in ihren Augen standen. Andererseits höre ich auch oft, dass die Frauen ohne jeglichen Auslöser von einer unglaublichen Freude überrollt werden, die ihnen ein breites Lachen ins Gesicht zaubert. Beide Situationen können während des Unterrichts zu komischen Situationen führen, da die Schüler höchstwahrscheinlich völlig überrascht darüber sind, dass sich ihrer Lehrerin so seltsam verhält. Mein Rat: Erklären Sie, dass eine Schwangerschaft nicht nur körperliche, sondern auch psychische Begleiterscheinungen mit sich bringt und Sie Ihre Emotionen nicht mehr so konkret steuern können. Wollen Sie diese Flucht nach vorne nicht antreten, legen Sie sich ein paar allgemein gehaltenen Erklärungen bereit, die Sie hervorholen, wenn die Gefühle wieder mit voller Wucht Besitz von Ihnen ergreifen. So könnte die Begründung für die Tränen ein trauriger Film sein, den Sie am Abend vorher gesehen haben. Für plötzliche Freude bietet sich natürlich jegliches Erlebnis an, das einen strahlen lässt, sei es das liebevolle Frühstück von heute Morgen, das selbstgebastelte Geschenk des Kindes oder die Sonne, die so warm durch die Fenster scheint. Überrollen Sie die traurigen Emotionen im Lehrerzimmer, gibt es bestimmt eine Kollegin von der Sie sich gerne trösten lassen. Oder Sie verschwinden in eine ruhige Ecke und lassen Ihre Tränen in Ruhe trocknen.

Keine Angst vor Fehlzeiten

Es kam immer wieder mal vor, dass mein Allgemeinbefinden es nicht zuließ, in die Schule zu gehen. Anfänglich hatte ich immer ein schlechtes Gewissen, schließlich mussten meine Kollegen für mich einspringen und den Unterricht bzw. die Betreuung der Klasse übernehmen. So versuchte ich, soweit es mein Zustand zuließ, Arbeitsaufträge bereitzuhalten, die ich den entsprechenden Kollegen zukommen lassen konnte. Über das Schulsekretariat funktionierte das ganz problemlos: Die Arbeitsaufträge oder die Hinweise auf die Seiten im Schulbuch, manchmal auch Arbeitsblätter, schickte ich per E-Mail, sie wurden weitergeleitet, die Schüler waren versorgt und die Kollegen hatten wenig Aufwand und ich kein schlechtes Gewissen mehr.

Wann ist die nächste Freistunde?

Frische Luft und Bewegung halfen mir nicht nur bei Übelkeit, sondern auch bei Konzentrationsschwächen und Müdigkeit. Und somit machte ich, wann immer ich ein paar freie Minuten am Stück hatte, einen kleinen Spaziergang. Manchmal drehte ich nur eine Runde um das Schulgebäude, manchmal spazierte ich durch das angrenzende Wohngebiet – je nach Zeit und Laune. Mit einem derart angeregten Kreislauf ließ sich die folgende Unterrichtsstunde deutlich leichter bewältigen. Es gibt Schulen, die sind so modern und großzügig ausgestattet, dass sie einen Ruheraum besitzen. Das ist natürlich perfekt für die schwangere Lehrerin, die das dortige Sofa nutzen kann, um die schmerzenden Beine mal kurz hochzulegen oder einen Powernap einzuschieben. Denken Sie auch an Möglichkeiten dieser Art, denn ein Augenblick Ruhe mit geschlossenen Augen und hochgelegten Beinen wirkt oft Wunder!

Der Notfallplan

Was tun, wenn wirklich alle Stricke reißen, es Ihnen nicht mehr gut geht und Sie nur noch nach Hause möchten? Dieses Szenario wünscht man niemandem, dennoch wäre es verfehlt, nicht auch an einen Worst-Case zu denken. Also: Wer kann Sie von der Schule nach Hause bringen? Was passiert mit Ihrem Auto, falls sie mit diesem in der Schule sind? Wer kümmert sich um die Kinder, die Sie vielleicht nicht mehr aus der Krippe, dem Hort, der Schule … abholen können? Und wer bleibt bei Ihnen und kümmert sich um Sie?
Glauben Sie mir, es beruhigt ungemein, für alle Fälle eine Lösung griffbereit zu haben.

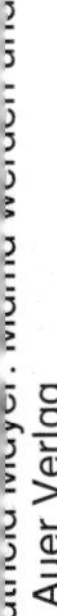

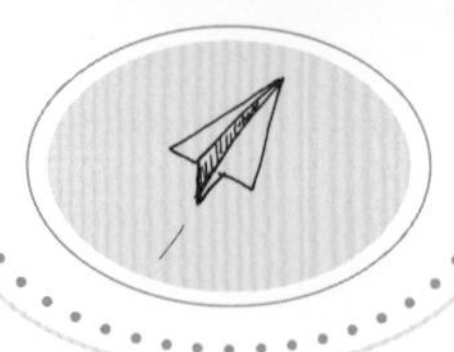

Keine Angst vor Stilblüten

Es sind nicht nur die körperlichen Beeinträchtigungen und Wehwehchen, die es zu bedenken gilt. In meiner ersten Schwangerschaft kam es zu unfreiwillig skurrilen Situationen, hervorgerufen durch (unbedachte) Schüleräußerungen. Beim Thema „Moderne Medien" erörterten die Schüler meiner 7. Klasse mehr oder weniger differenziert die Vor- und Nachteile der Handynutzung. Es kam die Strahlung der Mobilfunkmasten zur Sprache, die „ganz schlimme Auswirkungen haben kann, zum Beispiel auch auf Schwangere, die dann ein behindertes Kind bekommen …" Noch während des Satzes wurde die Schülerin zuerst knallrot, dann blass und dann ganz ruhig. Erleichtert nahm sie zur Kenntnis, dass ich zuerst lächelte, dann lachte und dann freundlich erklärte, dass derartige absolute Feststellungen ohne Beleg in einer Argumentation nicht zu halten sind, sie also nicht rügte oder gar in Tränen ausbrach wegen ihrer unbedachten Äußerung.
Der Geschichtsunterricht, speziell die Alltagsgeschichte des Mittelalters, die auch in der Unterstufe unterrichtet wird, bringt ebenfalls nicht selten absurde Situationen hervor: Wenn es um die desolaten hygienischen Zustände in Städten und Dörfern geht, geben die Schüler gerne ihr – aus Film und Fernsehen angeeignetes – Wissen preis und Sie können fast schon damit rechnen, von Kindersterblichkeit und Ähnlichem zu erfahren. Lassen Sie sich davon nicht aus der Bahn werfen! Auch wenn Ihr Hormonhaushalt nicht gerade dazu beiträgt, dass Sie derartige Äußerungen locker-flockig, ohne mit der Wimper zu zucken, wegstecken, nehmen Sie diese Gedanken nicht mit nach Hause. Verbuchen Sie die Situationen unter „Lustiges aus dem Schulalltag" und freuen Sie sich darüber, heute schon einmal herzlich gelacht zu haben.

Und noch ein Hinweis aus eigener Erfahrung

Nehmen Sie helfende Hände an und sagen Sie auch mal „Nein"! Ich war und bin von der Sorte Frau, die der Meinung ist, das alles schon irgendwie selbst zu schaffen. Man ist ja auch stolz drauf, energiegeladen zu sein. Möglicherweise gelingt das alles auch, vernünftig ist es aber nicht! Die Getränkekisten lassen Sie doch auch von Ihrem Mann in den vierten Stock tragen. Also nehmen Sie die (Entlastungs-) Angebote der Kollegen bitte auch an. Nicht Sie als Schwangere müssen die Aufsichten bei Zusatzveranstaltungen führen! Sie müssen auch nicht kurz vor Ihrem Mutterschutz noch das öffentlichkeitswirksame Projekt des Jahres auf die Beine stellen oder in allen Arbeitsgemeinschaften der Schule mitwirken. Wenn Ihnen das Spaß macht und Sie sich fit genug fühlen, dann machen Sie das. Anderenfalls lassen Sie sich gesagt sein, dass die Rolle Ihres Lebens auf Sie wartet und Sie sich darauf in aller Ruhe vorbereiten dürfen!

Sonderfall: Abschlussprüfungen

Man hat als Lehrerin ja durchaus auch Verantwortung für die Schützlinge. Und diese Verantwortung wird mit zunehmendem Alter der Schüler und nahendem Schulabschluss immer größer. Kommt genau in dieser Phase die eigene Schwangerschaft dazwischen, kann das schon Gewissenskonflikte hervorrufen oder eigene Ängste und Bedenken schüren. Im Klartext: Es kann sein, dass Sie die Abschlussprüfung nicht mehr selbst korrigieren können, weil Sie sich zu diesem Zeitpunkt schon im Mutterschutz befinden. Dann ist das rechtlich geregelt und Sie dürfen nicht korrigieren, wie gern Sie es auch würden. Aber: Es spricht nichts gegen eine beratende Tätigkeit Ihrerseits.

In meinem eigenen Fall war das so: Mein Seminar hatte ich zum neuen Schuljahr schon abgegeben, da feststand, dass ich Ende Oktober in Mutterschutz gehen werde. Die Korrektur der Seminararbeiten musste also die Kollegin übernehmen, die für mich eingesprungen war. Natürlich hatte ich sie über Inhalte, Themen, Vorgehensweisen, Absprachen etc. in Kenntnis gesetzt. Aber ich hatte die Schüler und ihre Arbeiten ein Jahr lang betreut und es steckten auch viele meiner eigenen Ideen darin. Somit beriet ich bei der Korrektur und bei der Notengebung, schließlich wollte ich meinen Schützlingen und deren Arbeiten auch gerecht werden. Diese Verantwortung für die Schüler einerseits und die Hilfe und Unterstützung für meine Kollegin andererseits übernahm ich gerne – trotz meiner in Kürze anstehenden Niederkunft. Unterzeichnet wurden die Arbeiten aber nicht von mir.

Die Tipps im Überblick

- Sprechen Sie mit Ihren Kollegen und der Schulleitung, um gewisse Grundvoraussetzungen an Ihre Situation anzupassen!
- Bereiten Sie einen Unterricht vor, der Sie aus dem Unterrichtsgeschehen so weit wie möglich herausnimmt!
- Gehen Sie bei den Vorbereitungen ökonomisch vor und distanzieren Sie sich von der Perfektionismus-Falle!
- Kooperieren Sie – während der Schulstunden oder in der Vorbereitung!
- Denken Sie an Getränke und Snacks für Ihren Flüssigkeitshaushalt und Ihren Blutzuckerspiegel!
- Gehen Sie mit Ihren Konzentrationsschwächen und mit Ihren sich überschlagenden Emotionen offen um!
- Legen Sie sich ein (kleines) Repertoire mit Material an, das Sie den vertretenden Kollegen jederzeit spontan zur Verfügung stellen können.
- Genießen Sie ohne schlechtes Gewissen Ihre Schwangerschaft – auch wenn Sie an dem einen oder anderen Tag nicht unterrichten können!
- Nutzen Sie freie Minuten, um sich selbst etwas Gutes zu tun und Ruhe zu gönnen!
- Legen Sie sich einen Notfallplan zurecht!
- Lassen Sie sich von unbedachten Schüleräußerungen nicht aus der Bahn werfen, sondern sehen Sie diese als Anlass, herzhaft zu lachen!
- Nehmen Sie jede helfende Hand an! Sie sind zwar schwanger und nicht krank, dennoch müssen Sie auf sich und Ihr Baby achten. Und dazu gehört auch, sich nicht zu überfordern!
- Überlegen Sie gemeinsam mit Ihren Kollegen und der Schulleitung, wie Sie besonderen Situationen, die besondere Maßnahmen erfordern, gerecht werden können!

WIEDEREINSTIEG NACH MUTTERSCHUTZ & ELTERNZEIT

Die Entscheidungsfindung

„Ich mach es!" – „Ich mach es nicht!" – „Ich mach es!" – „Ich mach es nicht!"
Sie haben sicher nicht immer ein Gänseblümchen zur Hand, mit dessen Hilfe und Blütenblättern Sie die Entscheidungsfindung, nach einer mehr oder weniger langen Elternzeit wieder in das Schulleben zurückzukehren, beschleunigen können. Und dass dies eine schwierige Entscheidung sein kann, steht außer Frage. Natürlich geht das nicht allen Frauen so. Für viele ist es sonnenklar, die ersten Jahre als Fulltime-Mami keiner bezahlten Arbeit nachzugehen und sich voll und ganz den Kindern zu widmen. Für andere ist die Berufsfrage keine Frage, für sie ist es wiederum sonnenklar und auch finanziell nötig, so bald wie möglich wieder ins Arbeitsleben einzusteigen. Für alle Mütter, die hin und her überlegen, die Vorteile auf und die Nachteile abwiegen, Pro- und Kontra-Listen schreiben und sämtliche in ihrer Umgebung verfügbare Menschen befragen, die in einer nur annähernd ähnlichen Situation sind und möglicherweise brauchbare Ratschläge geben könnten, sollen folgende Seiten eine Hilfe sein, auch ohne Gänseblümchen, die für sie richtige Entscheidung zu treffen.

Bin ich eine „Rabenmutter"?

Kann ich überhaupt noch eine gute Mutter sein, wenn ich nicht mehr meine ganze verfügbare Aufmerksamkeit und meine Kraftressourcen meinen Kindern zur Verfügung stelle, sondern diese wichtigen Rohstoffe auch noch anderen Individuen zukommen lasse? Ja, sogar eine bessere!
Ihre Persönlichkeit besteht in der Mehrheit aus einem selbstständigen, denkenden Teil, der vor der Geburt Ihrer Kinder Ihr Leben bestimmt hat. Nur weil mittlerweile nichts mehr ist, wie es einmal war, sollten Sie sich als Person aber nicht permanent hinten anstellen, sondern diesem früheren Ich auch die Chance geben, sich wieder etwas zu entfalten. Und es kann unglaublich befreiend sein, den Mami-Job für ein paar Stunden an den Nagel zu hängen, um wieder einmal jemand anders zu sein.

Ausgelastet ist man mit dem Management von Familie und Haushalt allemal. Doch auch ausgefüllt? Dass es so ziemlich jedes Mutterherz erfüllt, die großen Schritte der Kleinen im Dasein und im Leben zu beobachten, zu kommentieren, zu dokumentieren und weiterzuerzählen, ist unbestritten. Neben diesen Freuden bietet das Rund-um-die-Uhr-Mutter-und-Hausfrauen-Leben aber auch noch diverse andere „Glücksmomente". Da ist die noch nicht zusammengelegte Wäsche der letzten Wochen, die Spülmaschine mit dem immer noch verkrusteten Geschirr, die Brösel überall dort, wo die Kinder gegessen haben, ein Einkaufszettel mit ausschließlich absolut wichtigen Dingen und die Frage, ob man es verantworten kann, den Sprösslingen zum dritten Mal in der Woche „einfach mal schnell" Nudeln zu machen. Von ungeputzen Bädern, ungemachten Betten, unaufgeräumten Zimmern und ungebügelten Hemden ganz zu schweigen. Diese Dinge erledigen sich natürlich nicht von alleine, wenn man sich dafür entscheidet, auch noch unterrichten zu wollen. Im Gegenteil, manche Probleme dieser Art dehnen sich aus oder bleiben noch weitere Tage liegen. Dennoch scheint die Entscheidung für den Wiedereinstieg ins Schulleben manche Schwierigkeit zu lösen. Das Elixier lautet „geistige Anregung" und kann wahre Wunder bewirken. Sie haben plötzlich wieder eine Möglichkeit, etwas mit den Ideen in Ihrem Kopf anzufangen. Sie treffen Ihre erwachsenen Kollegen, mit denen Sie nicht über den Windelinhalt Ihrer Kinder sprechen müssen und dürfen in diesen Unterhaltungen auch alle Sätze beenden, ohne mindestens dreimal „Sei bitte still, Mami unterhält sich gerade" sagen zu müssen. Und wenn Sie nach Hause kommen, haben Sie etwas erlebt, etwas erledigt und Erfolg gehabt. Dieses gute Gefühl gibt Selbstvertrauen und Sie sind entspannt und gelassen genug, einen Bauklötzeturm nach den Vorstellungen der Kinder zu bauen, dreimal hintereinander die gleiche Geschichte vorzulesen oder das komplizierte Bastelprojekt auszuprobieren, mit dem Ihnen die Kleinen schon lange in den Ohren liegen. Natürlich ist das alles jetzt recht überspitzt dargestellt. Die Doppelrolle Lehrerin und Mutti erfordert an den meisten Tagen durchaus Kraft, ein Höchstmaß an Organisation und – je nach Alter

der Kinder – mehr oder weniger helfende Hände, die am besten so spontan wie möglich einspringen. Aber es lässt sich bewerkstelligen und unterm Strich bringt es – meiner persönlichen Meinung und Erfahrung nach – mehr Ausgeglichenheit als Probleme. Die Probleme können gelöst werden und von einer ausgeglichenen Mutti profitieren alle, nicht nur die Kinder.

Und was sagen die anderen dazu?

Es ist egal, was die eigenen Eltern, die Schwiegereltern, die Freundinnen oder die Nachbarn dazu sagen, dass Sie wieder arbeiten gehen. Lediglich die Meinung Ihres Partners ist wichtig, denn der muss Sie unterstützen. Im besten Fall bilden Sie ein Team, das sich – mehr oder weniger gleichberechtigt – um das Geldverdienen, aber auch um den Haushalt und vor allem um die Kinder kümmert. Vielleicht werden Sie Teilzeit unterrichten und Ihr Mann in Vollzeit arbeiten gehen, dennoch ist es unerlässlich, dass auch er seinen Teil zur Erfüllung der Aufgaben, die der Familienalltag mit sich bringt, beiträgt. Wenn beide Elternteile eine Doppelrolle besetzen, ist beiderseitiges Verständnis und beiderseitige Unterstützung als Grundlage vorhanden – die beste Voraussetzung, um alle Anforderungen meistern zu können.

Was sind die Chancen?

Kann ich überhaupt eine gute Lehrerin sein, wenn große Teile meiner Aufmerksamkeit und meiner Kraftressourcen schon von den eigenen Kindern zu Hause beansprucht werden? Ja, das können Sie! Natürlich werden Sie sich auch die Frage stellen, ob Sie es überhaupt schaffen, neben den Anforderungen, die die eigenen Kinder an Sie stellen, auch den Anforderungen gerecht werden zu können, die als Lehrerin auf Sie warten. Mit Sicherheit werden Sie in Ihrer Doppelrolle an Grenzen stoßen, die hart sein können. Sie werden in Situationen geraten, von denen Sie der Meinung sind, sie nie im Leben meistern zu können und werden nach Durchlaufen dieser Krisen feststellen, dass es doch geht, und dass es Sie sogar weitergebracht hat. Das Lehrerin-und-Mutti-Sein kostet Energie, setzt aber ebenfalls Energie frei und beinhaltet durchaus bedenkenswerte und wertvolle Chancen.

Rückkehr in die Normalität

Sobald Sie den ersten positiven Schwangerschaftstest in der Hand halten, ist nichts mehr, wie es mal war. Das Leben steht Kopf, ein Glücksmoment jagt den nächsten und emotionale Tiefen wechseln sich mit Ängsten, Vorfreude und Erschöpfungszuständen ab. Diese Zeit muss genossen werden, vergeht sie doch viel zu schnell und lässt sich in dieser Intensität meist nicht oft wiederholen.

Dennoch kann ein Stück Alltag nach den ganzen Ausnahmezuständen beruhigend wirken. Und der Schullalltag bietet dies. Der Wiedereinstieg in den Beruf signalisiert: Das normale Leben geht weiter. Das Familienleben bekommt eine äußere Struktur, deren Rhythmus und Regelmäßigkeit auch Stabilität und Ordnung mit sich bringt. Dies hilft nicht nur den Kindern, sondern tut auch den Eltern gut. Außerdem erleben Sie wieder das „Freitags-Gefühl" und die Freude über den letzten Schultag vor den Ferien. Am Ende eines Tages als Mutter stehen Sie vor dem nächsten, der dem vergangenen wahrscheinlich äußerst ähnlich sein wird. Dieselben Freuden werden dieselben Freuden sein, der Frust wird sich ebenfalls kaum unterscheiden, möglicherweise sogar von Tag zu Tag vergrößern. Als Lehrerin erscheint ein Wochenende am Ende des Tunnels und in regelmäßigen Abständen Ferien, auf die es sich lohnt hinzufiebern.

Klar erkennbare Fortschritte und Anerkennung von außen
Ich bin in der äußerst glücklichen Situation, einen Ehemann zu haben, der mir immer wieder sagt, wie gut ich unsere Familie und den Haushalt manage. Das ist wirklich Balsam für die Seele – meistens. Habe ich aber einen Tag hinter mir, an dem das Überziehen der Betten von morgens 9 Uhr bis abends 6 Uhr gedauert hat, ich drei Versuche gestartet habe, die Wäsche vom Wäscheständer abzunehmen, um dann resigniert aufzugeben und die Kinder doch wieder mit den lehmverkrusteten Stiefeln aus dem Haus gehen mussten, dann kann ich dieses Lob aus dem Munde meines Mannes nur schwer glauben. Wie soll ich eine ausgezeichnete Managerin sein, wenn ich meine Agenda noch nicht einmal ansatzweise bewältigt habe?

Ihre Tagesordnung wird als Lehrerin in der Doppelrolle natürlich zusätzliche Pflichten erhalten, die auch irgendwie – zu aller Zufriedenheit und mit einer großen Portion Sorgfalt – erledigt werden müssen. Aber Sie werden ein Aufgabenfeld gewinnen, in dem Sie klar erkennbare Fortschritte erzielen. Und genau dieses Gefühl kann – neben all dem Stress, den der vorzubereitende Unterricht und die noch zu korrigierende Lernkontrolle möglicherweise mit sich bringen – beflügeln. Sie müssen Ihre schulischen Angelegenheiten erledigen, Sie dürfen diese aber auch fertig machen und gedanklich abhaken. Kommt es Ihnen als Mami und Hausfrau oftmals so vor, als ob Sie gar nichts schaffen, so sehen Sie als Lehrerin den fertigen Stundenentwurf oder die abgeschlossenen Korrekturen vor sich und können sich auf die Schulter klopfen. Ein wunderbares Gefühl. Und wenn Sie dann auch noch eine Stunde gehalten haben, die gut gelaufen ist, sich über ein

nettes Elterngespräch oder eine anregende Unterhaltung mit einem Kollegen freuen konnten und möglicherweise sogar anerkennende Worte erhalten haben, dann ist das Balsam für die Seele.

Das eigene Geld

In einer modernen, gleichberechtigten Familie und Partnerschaft sollte die gemeinschaftliche Nutzung des Einkommens selbstverständlich sein, auch wenn nur der männliche Part für den Unterhalt verantwortlich ist. Arbeiten Sie jedoch selbst, so müssen bei Ihrem Partner nicht um jeden Cent betteln, den Sie im Alltag benötigen. Gönnen Sie sich ohne schlechtes Gewissen etwas, das auf der Prioritätenliste der nützlichen Dinge vielleicht nicht auf Platz 1 rangiert: ein neues Paar Schuhe, eine absolut trendige Handtasche oder den Latte Macchiato im neuen In-Cafe. Viel Spaß dabei!

Endlich mal wieder schön machen

Wobei wir gleich beim nächsten Punkt wären: Wenn Sie wieder in die Schule gehen, haben Sie die Chance, auch mal wieder Kleidung zu tragen, die nicht kinderzimmer-, fußboden- oder sandkastenkompatibel sein muss. Also raus aus den bequemen Haushosen mit den Flecken der letzten drei Menüs und rein in ein Kleid, einen Rock oder eine elegante Hose, die Sie schon so lange nicht mehr getragen haben! Tauschen Sie auch die Turnschuhe gegen Pumps und Sie erleben einen ganz anderen Auftritt! Sie besitzen derartige Kleidungsstücke gar nicht mehr? Das ist ein Grund, einkaufen zu gehen! Gönnen Sie sich ein paar neue Schuloutfits, über die Sie sich freuen und mit denen Sie in Ihre neue Rolle als Lehrerin schlüpfen können. Zusätzlich gibt es nun auch wieder einen Grund, über einen neuen Haarschnitt nachzudenken oder ein neues Make-up auszuprobieren. Auch äußerlich mal nicht mehr Mutti zu sein, ist ein beflügelndes Gefühl, für das es sich lohnt, die Doppelbelastung auf sich zu nehmen.

Der richtige Look

Ein paar Dinge sollten Sie bei der Wahl Ihrer Garderobe dennoch beachten. Sie sollte

- leicht zu reinigen sein. Ihre Kleidung wird trotzdem mit schmutzigen Kinderschuhen oder klebrigen Kindermündern in Berührung kommen. Es bringt also nichts, wenn Sie sie zur chemischen Reinigung bringen müssen. Das ist zu teuer und zu zeitaufwendig.

- flexibel zu kombinieren sein. Manchmal muss doch noch schnell die Hose oder die Bluse gewechselt werden. Praktisch, wenn man dann nicht das komplette Outfit noch einmal ändern muss.

- einfach zu bügeln sein – im besten Fall gar kein Bügeleisen brauchen, denn auch das kostet Zeit, die Sie nur noch schwer aufbringen werden.

- leicht zu wechseln sein. In Ihrer Handtasche oder in Ihrem Fach im Lehrerzimmer sollte immer eine Feinstrumpfhose liegen, denn nichts setzt diesen Kleidungsstücken mehr zu als Klettverschluss. Und dieser wiederum befindet sich an nahezu jeder Kinderklamotte. Falls sich also ein Jackenverschluss in Ihren Strümpfen verfängt und Sie das vielleicht erst kurz vor dem Gang ins Klassenzimmer bemerken, bewahrt Sie die Ersatzstrumpfhose vor einem anstrengenden Unterricht mit Laufmasche.

Andere Aufregerthemen

Zugegeben, niemand regt sich gerne auf – warum sollte es also eine Chance sein, mit dem Wiedereinstieg ins Berufsleben zusätzliche Aufregerthemen zu bekommen? „Andere“ ist das Stichwort! Es geht nun nicht mehr darum, ob das eigene Kind ohne „Händchen zu halten“ einschlafen kann oder wie man es schafft, dass der Nachwuchs auch mal alleine spielt, damit man selbst die Tasse Kaffee austrinken kann. Jetzt geht es darum, pädagogische Konzepte zu hinterfragen, didaktische Entwürfe zu perfektionieren oder konfliktreiche Gesprächssituationen zu meistern. Auch wenn das im ersten Moment anstrengend klingt, ist es anregend und befriedigend, sich dieser Art von Herausforderungen zu stellen, sich auch mal über schwierige Situationen aufzuregen und auszutauschen und am Ende eine Lösung zu finden. Kurz darauf wartet dann wahrscheinlich schon die nächste knifflige Situation, die sich aber durch eine völlig andere Ausgangslage auszeichnet, einen völlig anderen Ansatz fordert und von Ihnen ebenfalls gelöst wird. Und Sie werden wieder zufrieden und stolz sein.

Andere Gesprächsthemen

In diesem Zusammenhang finden Sie auch neue und andere Gesprächsthemen. Es macht Spaß, mit dem Ehemann abends zu Hause auch mal über die Schule zu sprechen und nicht nur über den Inhalt der Windeln Ihrer Kinder. Nun können auch Sie aktuelle und variierende Beiträge liefern und aus Ihrem Berufsalltag berichten und befinden sich nicht mehr nur in der Rolle der zuhörenden Ehefrau. Es macht auch Spaß, sich mit den Kollegen über Fachliches zu unterhalten oder über ganz andere Dinge, die man macht, wenn man nur Lehrerin ist und nicht auch noch Mutti. Ein Netzwerk aus Gleichgesinnten – also aus Müttern mit Kindern im gleichen Alter wie den eigenen – ist unerlässlich. Aber Sie sind nicht nur Mutter, sondern auch eine eigenständige Person und jetzt auch wieder Lehrerin. Nutzen Sie die Zeit in der Schule, um mal nicht über die eigenen Kinder zu sprechen. Verabreden Sie sich auch mit Kollegen, die vielleicht gerade keine oder viel ältere oder jüngere Kinder haben und quatschen Sie über alles andere – aber nicht über die Sorgen, die die Kindererziehung mit sich bringt. Derartige Gespräche sind wirklich eine Bereicherung!

Ausbruch aus der Routine

Im Schicksal einer Vollzeitmama sieht meist jeder Tag gleich aus. Er besteht aus den alltäglichen Routinen, die gut eingespielt sind und das Leben somit erleichtern. Abwechslung sieht aber anders aus. Diese bietet jedoch die Schule. Nicht nur, weil sie andere Themen ins Leben der Mama bringt, sondern vor allem, weil sie auch andere Abläufe erfordert – und das kann durchaus erfrischend sein. Je nach familiärer Situation und nach Ihrem Stundenplan sind Sie an manchem Morgen vielleicht nicht mehr dafür zuständig, dass die Kinder gewaschen und angezogen werden, frühstücken und in die Kita, Schule etc. gebracht werden, da Sie selbst pünktlich in der Schule erscheinen müssen. Vielleicht bereitet Ihr Mann das Familienfrühstück vor, damit Sie sich selbst schulfertig machen können. Oder er verlängert seine Mittagspause, damit er die Kinder versorgen und auch Ihnen ein Mittagessen auf den Tisch zaubern kann. Es wird auch Nachmittage geben, an denen Sie arbeiten müssen und jemand anderer mit den Kindern im Sand gräbt. Und dann gibt es da noch die Elternabende und ähnliche Abendveranstaltungen, an denen Sie in der Schule sind, anstatt die Krümel des gemeinsamen Abendessens wegzusaugen, quengelnden, müden Kindern die Zähne zu putzen und danach noch zu diskutieren, dass der Fernseher nun ausgeschaltet wird. Diese schulischen Pflichttermine finden nicht häufig statt und genau deswegen bringen sie erfrischende Abwechslung in Ihr Leben. Für derartige kleine Ausbrüche aus der Routine lohnt es sich, wieder zu unterrichten. Und wenn Sie jetzt sofort einwenden möchten, dass aber genau diese Abweichungen vom täglichen Programm ein problematisches Durcheinander mit sich bringen, dann blättern Sie weiter und lesen Sie nach, wie man trotzdem gelassen bleiben kann.

Akzeptierte Auszeit

Viele Mütter erzählen immer wieder von solchen oder ähnlichen Dialogen:

Mama: „Man müsste die Kinder noch mit Sonnenschutz eincremen und ihre Matschkleidung zusammensuchen, falls es später beim Ausflug in den Zoo doch regnen sollte. Außerdem brauchen sie noch ihre Brotdosen, die Getränkeflaschen und ihre Lieblingskuscheltiere. Das muss alles noch zusammengesucht und -gepackt werden."

Papa: „Ich kann nicht, ich muss selber noch duschen und dann pünktlich los zu meinem Meeting mit den Teamkollegen."

Ich habe meinen Mann selbst oft um die Möglichkeit beneidet, selbstbestimmt duschen zu können. Mittlerweile kann ich Ähnliches entgegnen, mich – mehr oder weniger in Ruhe – für die Arbeit schick machen und die Zuständigkeit für die Kinder auch mal abgeben. Eine gute Freundin hat mir auf die Frage, warum sie neben ihrer Mutterrolle auch so dermaßen gerne noch Lehrerin ist, zugeflüstert, dass sie es ebenfalls unglaublich genieße, einfach mal nicht für die Kinder zuständig zu sein. Sie sitze dann am Schreibtisch und könne regelrecht dabei entspannen, nur zu korrigieren und nicht an die unzähligen Dinge denken zu müssen, die ihre Kinder jetzt gerade brauchen, möglicherweise bald brauchen werden oder vielleicht brauchen müssten. Sie könne sich einfach darauf konzentrieren, ihre Vorbereitungen oder Korrekturen zu erledigen. Wenn sie fertig sei, gönne sie sich oftmals noch ein paar Minuten, in denen sie nach ihren eigenen Wünschen im Internet surfe oder eine Zeitschrift durchblättere, was den Geist unglaublich freimache. Klingt gut, dachte ich mir damals und ich denke auch heute noch oft daran, wenn ich nach einer fertig korrigierten Klassenarbeit meine Pinterest®-Seite öffne und seelenruhig noch ein paar Minuten durch die neuen Pins streife. Schule kann eine von allen Seiten akzeptierte Auszeit bieten und kleine Nischen eröffnen, die der Mama wirklich gut tun.

Zeit mit den Kindern wird Qualitätszeit

Derartig gestärkt können Sie die Zeit mit Ihren Kindern auch wieder genießen. Zum einen haben Sie weniger Zeit und somit wird diese automatisch wertvoller. Außerdem haben Sie mehr Selbstwertgefühl, haben Abwechslung und geistigen Input und sind möglicherweise sogar entspannt, was absolut dazu beiträgt, dass Sie Ihren Kindern und dem Familienalltag gelassener und gestärkt begegnen können.

Den Anschluss nicht verlieren

Trotz (kleiner) Kinder bald wieder arbeiten zu gehen, bietet natürlich auch die Chance, den Anschluss im Beruf nicht zu verlieren. In der heutigen Zeit kommt man den didaktisch-methodischen Neuerungen und Umstrukturierungen im Lehrplan kaum hinterher, selbst wenn man keine Auszeit hatte. Eine Kollegin hat mir berichtet, dass es für sie tatsächlich eine der größten Herausforderungen war, nach ihrer 10-jährigen familienbedingten Abstinenz wieder in den Schulbetrieb einzusteigen. Es sei damals für sie gewesen, als würde sie noch einmal das Referendariat antreten – mit allen seinen bedrückenden Begleiterscheinungen. Zudem habe es viel Kraft gekostet, sich in die schulinternen Strukturen und auch in die jetzt gültige Didaktik und Methodik einzuarbeiten. Auch die Situation, vor der Klasse zu stehen, Aufmerksamkeit zu erzeugen und Interesse zu wecken, habe sie wieder neu erlernen müssen. Dieser Erfahrungsbericht hat mir zu denken gegeben und mich in meiner Entscheidung bestärkt, der Schule nicht lange fern zu bleiben. Ich bin lieber dabei, wenn sich die Dinge verändern. Ein weiterer Aspekt in diesem Zusammenhang ist Ihre Eigenständigkeit. Wer weiß, was das Familienleben bringt? Vielleicht müssen Sie einmal die Familie versorgen. Bleiben Sie Lehrerin, dann ist die Aufstockung von Stunden und die damit verbundene finanzielle Sicherheit kein Problem. Dieser Gedanke ist doch sehr beruhigend.

Wahre Gleichberechtigung

Als ich noch nicht gearbeitet habe, waren die Rollen bei uns klar verteilt: Mein Mann verdiente das Geld, ich kümmerte mich um die Kinder, die Küche, den Haushalt, den Garten, die Einkäufe, die Wäsche … Abends, wenn alle Familienmitglieder müde und geschafft waren von ihren Tagesaufgaben, war ich diejenige, die noch schnell das schmutzige Geschirr wegräumte, die Spülmaschine einräumte, das Frühstück für den nächsten Tag vorbereitete, alle Termine im Blick hatte und die ganz dringend benötigten Kleidungsstücke zurechtlegte. Das wurde – so dachte ich – von mir erwartet, schließlich hatte ich ja „sonst nichts zu tun, außer mich um Haushalt, Kinder und Ehemann zu kümmern". Füße hochlegen oder entspannt mit den Kleinen Blödsinn machen, so wie mein Mann das nach Feierabend machte, konnte ich nur selten, da ich sofort jede freie Minute nutzte, um die Dinge zu erledigen, die ich mit Kindern am Bein im Laufe des Tages nicht schaffte. Nicht selten war ich deswegen ziemlich frustriert. Jetzt sieht die Sache ganz anders aus: Ich trage auch etwas zum Familienunterhalt bei, habe im Gegenzug nicht mehr „alle Zeit der Welt", um Kinder, Küche und Garten auf Vordermann zu bringen und bin dahingehend auch auf die Unterstützung meines Mannes angewiesen. Wir gehen also beide arbeiten, kümmern uns aber auch beide um unsere Familie und das Haus. So sieht für mich Gleichberechtigung aus!

Es gibt also mannigfaltige Gründe, neben der Mutterrolle auch noch in die Lehrerinnenrolle zu schlüpfen, auch wenn es oftmals sehr anstrengend sein kann. Unterm Strich lohnt es sich aber – nicht nur finanziell.

Tipps für den Wiedereinstieg – Rechtliches und Gesetzliches

- Neben den persönlichen Überlegungen für den Wiedereinstieg ins Schulleben gibt es einige wichtige gesetzliche und praktische Aspekte, die Sie wissen sollten.
- Man hat keinen Anspruch auf die Rückkehr an eine bestimmte Schule, in der Regel versucht der Dienstherr jedoch bei einer Elternzeit von bis zu einem Jahr, die Rückkehr an die Stammschule zu ermöglichen.
- Danach werden die familiäre Situation und der Einsatzwunsch der Lehrerin durch die Schulbehörde bzw. das Ministerium berücksichtigt. Wenn Sie jetzt einen Versetzungsantrag stellen, stehen die Chancen gut, einen wohnortnahen Einsatzort zu bekommen. Aber: beachten Sie die Fristen und informieren Sie sich bei Ihrer Schulbehörde bzw. bei dem für Sie zuständigen Ministerium!
- Versetzungsgesuche an eine neue Schule müssen schon im Frühjahr gestellt werden und auch der Einsatzwunsch an der alten Schule muss in diesem Zeitraum besprochen werden!
- In den ersten acht Wochen nach der Entbindung gilt ein Beschäftigungsverbot, in den ersten Monaten nach der Entbindung darf keine Beschäftigung erfolgen, die die Leistungsfähigkeit übersteigt. Hierfür ist ein ärztliches Zeugnis notwendig (z. B. in Baden-Württemberg, § 34(2) AzUVO).
- In der Regel erfolgt der Wiedereinstieg nicht während des Schuljahres, sondern zum Halbjahr oder besser noch zum Beginn eines neuen Schuljahres. Inwiefern ein Arbeitsbeginn im laufenden Schuljahr möglich ist, erfahren Sie von Ihrer Schulleitung.

Die rechtlichen Regelungen dazu finden sich für angestellte Lehrerinnen im Mutterschutzgesetz und für Beamtinnen in der Mutterschutzverordnung. Diese müssen in jeder Schule vorhanden sein. Für die Einhaltung der Schutzrechte ist die Schulleitung verantwortlich.

Sprechen Sie mit Ihrer Schulleitung!

Vereinbaren Sie einen persönlichen Gesprächstermin mit Ihrer Schulleitung, um nicht nur die rechtliche Situation, sondern vor allem Ihre persönlichen Wünsche und Möglichkeiten zu besprechen. Oft ist ein Entgegenkommen hinsichtlich der Klassenverteilung oder auch hinsichtlich des Stundenplans möglich. Vielleicht sind Sie bereit, auch einmal Nachmittagsunterricht zu übernehmen und erhalten im Gegenzug die erste Stunde unterrichtsfrei, damit Sie Ihre eigenen Kinder morgens noch versorgen können. Oder Sie wünschen sich die Zuweisung einer Klassenstufe, die Sie schon öfter unterrichtet haben, damit die Vorbereitungen im Jahr Ihres Wiedereinstiegs nicht zu umfangreich sind und Sie sich langsam an die Doppelbelastung gewöhnen können.
Die meisten Lehrerinnen arbeiten nach dem Wiedereinstieg in Teilzeit („Teilzeit in der Elternzeit“, die nötigen Informationen und Formulare erhalten Sie bei Ihrer Schulbehörde bzw. beim Kultusministerium oder von Ihrer Schulleitung; vgl. auch Kapitel „Gesetzliche Grundlagen“). Wie viele Stunden Sie tatsächlich unterrichten möchten oder müssen, können Sie in einem Gespräch persönlich klären. Möglicherweise ist die Schulleitung froh über Ihr Entgegenkommen, noch zwei weitere Stunden zu übernehmen, und gewährt Ihnen als „Gegenleistung“ einen anderen Wunsch, der Ihren persönlichen Familienalltag entspannt.
Auch ist in Bayern der Einsatz als „Mobile Lehrerreserve“ denkbar. Welche Anforderungen dabei auf Sie zukommen und inwiefern dies mit ihrer familiären Situation kompatibel wäre, muss ebenfalls im Vorfeld individuell abgeklärt werden.

PROBLEME & LÖSUNGEN

Es ist oftmals nicht leicht, den Anforderungen, die als Lehrerin an Sie gestellt werden, gerecht zu werden, ebenso verhält es sich mit den Anforderungen an Sie als Mutter. Und jetzt die Doppelrolle? Zusammen mit den dargestellten Chancen kommen natürlich auch eine ganze Reihe Probleme auf Sie zu, die alle gelöst werden wollen. Aber das schaffen Sie!

Zu wenig Zeit

Das größte Problem für alle, die Mama geworden sind und Lehrerin bleiben wollen, ist die Zeit. Es ist nie genug davon da, sie vergeht viel zu schnell und wenn sie doch einmal vorhanden ist, muss man sie möglichst sinnvoll nutzen, um sie nicht zu vergeuden. Ein Dilemma, dem kaum zu entrinnen ist. Im Folgenden schildere ich Situationen aus meinem eigenen Leben und dem Leben vieler Kolleginnen und Freundinnen und zeige Ideen auf, wie man Zeit gewinnen kann, frei nach dem Motto: Zeit lauert überall, man muss sie nur fangen.

Unterricht – Vorbereitung – Korrekturen (flexible Arbeitszeiten)
Es ist nicht damit getan, dass Sie die Anzahl der Stunden, für die sie sich entschieden haben, unterrichten. Die viel größeren Zeitfresser und damit Problembereiter sind die Korrekturen und die Vor- bzw. Nachbereitung des Unterrichts.

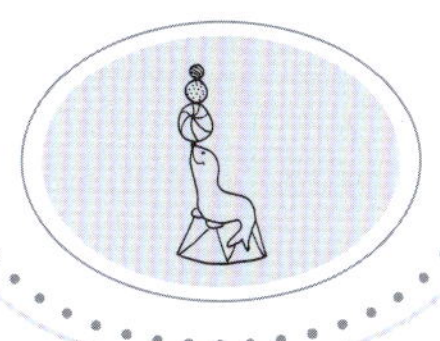

Hier gilt:
Seien Sie realistisch, überlegen Sie konkret, wie viel Zeit Sie dies pro Woche oder Monat kosten wird und planen Sie genau, wann Sie arbeiten werden. Vielleicht denken Sie jetzt aber, dass doch die flexiblen Arbeitszeiten gerade für die Mamas und die Familie ein Segen sind, weil man eben nicht konkret festgelegt ist und je nach Situation frei entscheiden kann, wann man arbeitet. Auch die vielen freien Nachmittage, die für gemeinsame Unternehmungen zur Verfügung stehen, werden in diesem Zusammenhang gerne angeführt. Dies sind sicherlich Vorteile für manch eine Kollegin. Aus eigener Erfahrung und aus den vielen Gesprächen mit Lehrerinnen-Mamas kann ich sagen, dass es entspannender, effektiver und beruhigender ist, konkrete Arbeitszeiten pro Tag, Woche oder Monat einzuplanen, in denen die Kinderbetreuung zuverlässig geregelt ist und man sich wirklich nur auf die schulische Arbeit konzentrieren kann. Überlegen Sie, ob Sie Ihre Kinder jeden Tag länger in Betreuung geben, als Ihre Unterrichtszeit es erfordert, um täglich Zeit für die Vor- und Nachbereitung zu gewinnen.

Ich habe meinen Alltag so organisiert, dass meine Kinder täglich bis 15 Uhr betreut sind. Somit habe ich genügend Zeit für die schulischen Dinge, aber auch für den Haushalt. Stehen Korrekturen an, bleibt der Haushalt meist etwas auf der Strecke. Gibt es in der Schule eine ruhigere Phase, kann ich in dieser Zeit auch mal die Fenster putzen oder die Küchenschränke reinigen. Und Zeit für mich springt bei guter Organisation so ganz nebenbei auch immer noch heraus. Mein Tipp für Sie: Organisieren Sie eine flexible Kinderbetreuung, die immer dann einspringt, wenn zeitraubende Korrekturen anstehen.

Ich versuche, planbare Leistungserhebungen, die zeitraubende Korrekturen nach sich ziehen, dann schreiben zu lassen, wenn mein Mann zeitlich flexibel ist und auch mal den einen oder anderen Nachmittag früher nach Hause kommen kann, um auf die Kinder aufzupassen. So kann ich in Ruhe arbeiten und muss nicht alles auf den Abend oder das Wochenende verschieben. Denn diese Zeiten brauche auch ich, um mich auszuruhen, zu entspannen oder um mich um den Haushalt zu kümmern. Ist mein Mann beruflich nicht abkömmlich, springen dankenswerterweise die Großeltern ein.
Mein Tipp für Sie: Lassen Sie ihre Kinder auch in den Ferien ganz oder teilweise betreuen.

Die Schulferien sind in meiner Organisation meist eine recht arbeitsreiche Zeit. Ich plane meinen Unterricht für die nächsten Wochen und lege die Arbeiten, die zu korrigieren sind, in die Woche davor. So kann ich vormittags, wenn die Kinder betreut sind, ganz in Ruhe und konzentriert arbeiten. Im Schulalltag bereitet mir diese Art der Vorbereitung dann einigermaßen stressfreie Tage, da ich nicht immerzu daran denken muss, wie ich Zeit gewinnen kann, um noch das Nötigste für den nächsten Tag vorzubereiten oder die restlichen Arbeiten zu korrigieren.

Fazit meiner Erfahrungen

Es kommt immer anders, als man denkt. Eine Zeit lang war grundsätzlich am ersten Ferientag auch mindestens ein Kind krank und ich damit nicht in der Lage, mein Arbeitspensum durchzuziehen. Außerdem habe ich ganz schnell gemerkt, dass ich die Ferien auch zur Erholung benötige. Also: Kinder in die Krippe bringen und ausspannen (neben der Erledigung der anderen Dinge, die unbedingt ganz dringend endlich mal gemacht werden müssen).

Ich empfinde es als recht belastend, immerzu auf jemanden aus meinem familiären Umfeld angewiesen zu sein, wenn ich korrigieren oder vorbereiten muss. Es gibt ohnehin so viele Situationen, in denen man als Mama bzw. als Eltern auf Babysitter setzen muss oder will. Da ist es befreiend, wenn für das Berufliche die Kinderbetreuung fix geregelt ist und man nicht immer aufs Neue betteln muss. Viele meiner Kolleginnen, die auch Mamas sind, schwören darauf, ihre Vor- und Nachbereitungen zum ganz großen Teil in der Schule zu erledigen. Und das kann ich ebenfalls nur raten! Es bedarf ein bisschen mehr Planung, die benötigten Materialien dabei zu haben, aber mit den modernen Speichermedien oder vielleicht sogar einem Laptop ist das wenig Aufwand. Besorgen Sie sich die Schulbücher in doppelter Ausführung und deponieren Sie je ein Exemplar in der Schule – ebenso den einen oder anderen Ordner mit Arbeitsblättern etc. So sind sie gut gerüstet, können Ihre Arbeit erledigen und befreit nach Hause zu Mann und Kindern fahren. Mein Tipp für Sie: Suchen Sie sich eine zuverlässige Babysitterin. Eine Kollegin hat mir eines Tages erzählt, dass sie schon länger überlege, eine Putzfrau oder eine Babysitterin anzustellen. Letztendlich habe sie sich für die Babysitterin entschieden, da sie selbst durch diese deutlich flexibler werde. Durch die Babysitterin, die einmal pro Woche am Nachmittag nach Hause kommt, um mit den Kindern zu spielen, gewinnt man Zeit für die Unterrichtsvorbereitung, die anstehenden Korrekturen, den Haushalt, die eigene Entspannung, ein Treffen mit Freundinnen oder den Partner.

Außerdem kann sie auch mal abends einspringen, wenn man ausgehen möchte. Informieren Sie sich, ob es in Ihrer Nähe eine Ausbildungsstätte für Erzieherinnen, Kinderpflegerinnen etc. gibt und machen Sie dort einen Aushang. Oftmals

gibt es in Krippen und Kindergärten auch Praktikantinnen, die sich gerne noch nebenbei etwas verdienen. Vielleicht hospitiert in der Gruppe Ihrer Kinder eine sympathische Auszubildende, die Ihre Kinder auch schon kennt und der Sie vertrauen. Ich habe bei uns in der Kindertagesstätte auch schon Anzeigen am Schwarzen Brett gesehen, auf denen individuelle Kinderbetreuung zu Hause angeboten wurde. Oder Sie haben eine nette Nachbarstochter, die sich gerne ein paar Euro dazuverdienen möchte? Ich kenne auch einen Fall, bei dem eine Kollegin eine ihrer Schülerinnen als Babysitterin engagiert hat. Inwiefern dies für Sie infrage kommt, müssen Sie selbst entscheiden. Vorsicht ist bei Schülerinnen oder Abiturientinnen geboten, deren Arbeiten Sie korrigieren werden.

Kinderbetreuung

Um Lehrerin und auch Mutti zu sein, müssen Sie zunächst Ihre Kinder von irgendjemand anderem betreuen lassen. Dafür gibt es die unterschiedlichsten Modelle, die alle ihre Berechtigung haben. Sie sollten sich diesen Schritt natürlich gut überlegen und dann das Modell wählen, das für Sie am praktikabelsten ist und vor allem, mit dem Sie sich am wohlsten fühlen. Denn nur wenn Ihnen wohl zumute ist, können Sie Ihre Kinder in Obhut anderer lassen und sich selbst ganz auf Ihre zweite Rolle konzentrieren und gut unterrichten.
Ich kann und will hier an dieser Stelle nicht alle Vor- und Nachteile der unterschiedlichen Betreuungsmöglichkeiten aufzeigen und gegeneinander abwägen. Aber ich werde von meinen eigenen Erfahrungen berichten und Berichte meiner Freundinnen und Kolleginnen einfließen lassen, sodass Sie dennoch einen breitgefächerten Überblick und somit eine Entscheidungshilfe bekommen.

Vater und Mutter arbeiten Teilzeit und teilen sich die Kinderbetreuung
Ein befreundetes Lehrerehepaar hat die kleine Tochter bis zum Eintritt in den Kindergarten gemeinsam betreut. Sie haben es mithilfe der Schulleitung und einem perfekt abgestimmten Stundenplan hinbekommen, dass sie nie gleichzeitig unterrichten mussten und somit immer einer für das Kind da sein konnte. Diese Möglichkeit gibt es in derartiger Ausprägung sicherlich nur im Lehrerberuf. Sie ist aber bestimmt nicht die Regel, sondern bedarf schon guter „Drähte" ins Rektorat/Direktorat. Inwiefern es den Familienalltag erleichtert, das Kind teilweise zur „Übergabe" auch mit in die Schule zu bringen, muss natürlich jeder für sich selbst abwägen. Meine Erfahrung ist eine andere:

Nach der Geburt unseres ersten Sohnes stand für mich relativ schnell fest, dass ich bald wieder arbeiten gehen werde. Das neu gekaufte Haus musste schließlich finanziert werden. Ich entschied mich dafür, zehn Stunden zu unterrichten und mein Mann wollte ebenfalls Teilzeit in der Elternzeit arbeiten. Unseren neun Monate alten Sohn wollten wir abwechselnd und mithilfe der Großeltern betreuen, ein Jahr später, mit 20 Monaten, sollte er dann in eine Krippe gehen. Ich bekam im September meinen Stundenplan, der sagte, dass meine zehn Unterrichtsstunden auf vier Vormittage verteilt sind. Wir versuchten unser Bestes, gaben uns einige Wochen Klinke und Kind in die Hand, spannten die Großeltern ein und konnten teilweise auch noch auf die Hilfe unserer lieben Nachbarin zählen. Trotzdem kamen wir an unsere Grenzen und beschlossen, etwas zu ändern: Ein Krippenplatz musste her! Wir hatten Glück und bekamen für Januar einen, allerdings war in dieser Einrichtung die Betreuung nur bis 12 Uhr mittags möglich. Für uns war das egal, im Gegenteil, da wir zunächst dachten, unseren Sohn innerhalb der Familie betreuen zu können, war eine relativ kurze Betreuungszeit außerhalb der gewohnten Umgebung ein guter Kompromiss. Wir hatten wieder etwas mehr Luft in der Organisation unseres Alltags und unser Sohn feste Strukturen und einen geregelten Tagesablauf. Für alle Beteiligten war es eine Erleichterung.

Vater und Mutter arbeiten (Teilzeit), die Kinder sind vormittags in der Krippe

Vorteile:

- Für das Kind bekommen die Woche und der Tag wieder eine regelmäßige Struktur.
- Die Kinder sind ausgeglichen, da ihnen der Kontakt zu Gleichaltrigen und Gleichgesinnten großen Spaß macht.
- Vor allem für kleine Kinder ist es bestimmt von Vorteil, wenn sie nicht zu lange weg sind aus ihrer gewohnten Umgebung. So können sie beispielsweise zu Hause essen und schlafen.
- Es gibt feste kinderfreie Zeiten für Korrekturen, Haushalt etc.
- Die Großeltern oder andere helfende Hände sind nicht schon täglich oder wöchentlich beansprucht, sondern sind für Notfälle verfügbar oder können sogar für das eine oder andere kinderfreie Wochenende eingespannt werden.

Als unser zweiter Sohn dann da war, gab es keinen Zweifel für uns, auch ihn täglich von 8 Uhr bis 12 Uhr in die Krippe zu bringen. Mit knapp einem Jahr startete er dort und fühlte sich sofort wohl. Beruhigt konnten mein Mann und ich arbeiten. Allerdings merkten wir bald, dass es immer noch recht aufwendiger Organisation bedurfte, die Kinder um 12 Uhr mittags abzuholen. Wenn ich bis 13 Uhr unterrichten musste, machte mein Mann eine ausgedehnte Mittagspause, um die Kinder zu holen und sich um sie zu kümmern, bis ich aus der Schule kam. Jetzt gaben wir uns wieder die Klinke und die Kinder in die Hand. Für mich war es unglaublich anstrengend, wenn ich erst kurz vor 12 Unterrichtsschluss hatte, in die Krippe zu hetzen, müde und hungrige Kinder abzuholen und zu Hause auch erst mal noch das Essen herrichten zu müssen. Wir hatten uns wieder in eine Situation manövriert, in der kaum Verschnaufpausen drin waren. Somit beschlossen wir, die Betreuungszeiten zu erweitern. Dies war in unserer Einrichtung mittlerweile glücklicherweise möglich. Unsere Kinder sind nun von 7 Uhr morgens bis 15 Uhr nachmittags angemeldet, was aber nicht bedeutet, dass sie täglich auch diese volle Zeit in der Krippe bzw. im Kindergarten verbringen. Meistens bringt mein Mann sie gegen 8 Uhr morgens hin und ich hole sie gegen 14 Uhr ab. Aber wir haben die Möglichkeit, diese Zeitspanne etwas zu erweitern, und genau diese Möglichkeit bringt Entspannung in unseren Alltag.

Vater und Mutter arbeiten (Teilzeit), die Kinder sind auch über Mittag in der Krippe

Vorteile:

- Wir holen satte und ausgeschlafene bzw. zufriedene Kinder ab.
- Sowohl mein Mann als auch ich können ruhige Mittagspausen verbringen und somit Kraft tanken für die Aufgaben, die am Nachmittag auf uns warten.
- An unterrichtsfreien Vormittagen habe ich ausreichend Zeit für Vorbereitungen, Korrekturen und den Haushalt.

Krippe nur an den Tagen, an denen die Mutter auch unterrichten muss
Meine Kollegin managt Familie und Schule, indem Sie die Kinder nur an den beiden Vormittagen in einer Krippe fremdbetreuen lässt, an denen sie auch unterrichten muss. Die betroffene Kollegin ist froh, geringe Kosten zu haben und freut sich, viel Zeit mit ihren Kindern verbringen zu können. Die Unterrichtsvorbereitungen und Korrekturen erledigt sie abends und am Wochenende, wenn ihr Mann für

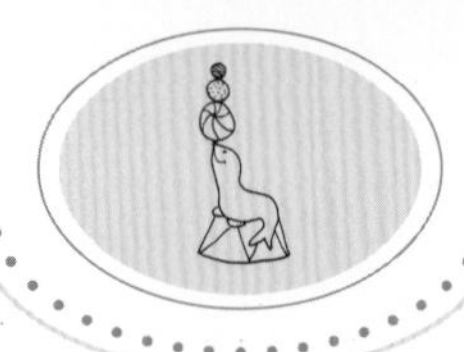

die Kinder da sein kann. Allerdings hat sie ein großes Unterstützer-Netzwerk von Großeltern und gut befreundeten Nachbarn um sich herum, die jederzeit auf die Kinder aufpassen können, wenn in der Schule zusätzliche Termine anstehen, die in die Zeit fallen, in der die Kinder nicht in die Krippe gehen können. Dies ist bei diesem Modell unerlässlich.

Fazit meiner Erfahrungen

Um entspannt unterrichten bzw. vor- und nachbereiten zu können, müssen die Kinder in irgendeiner Art und Weise verlässlich betreut sein.

Die Betreuungszeit sollte nicht nur die reine Unterrichtszeit abdecken, sondern auch Raum bieten für die zusätzlichen Arbeiten, die einen als Lehrerin täglich erwarten. Für Sie als Lehrerin stehen viele zusätzliche Termine zu Schuljahresbeginn, um die Weihnachtszeit, zum Halbjahr oder am Schuljahresende an. Bedenken Sie das bei der Organisation der Kinderbetreuung!

Denken Sie auch daran, dass Sie noch einen Haushalt zu führen haben und auch dafür Zeit benötigen. Und vergessen Sie sich selbst nicht! Sie brauchen zwischendurch Verschnaufpausen, denn nur dann können Sie eine gute Mami und eine gute Lehrerin sein!

Ein krankes Kind

Das scheinbar größte Problem ist eigentlich das mit der einfachsten Lösung. Wenn Ihr Kind krank ist und Betreuung braucht, müssen Sie zu Hause bleiben. Die Tatsache wird deswegen zum scheinbar größten Problem, weil die Krankheiten immer plötzlich und völlig unvorhersehbar auftreten, Sie also kaum Zeit haben, sich darauf einzustellen oder Maßnahmen zu treffen. Und somit ist die Lösung aus verschiedenen Gründen dann oftmals doch nicht so einfach …

Sie müssen unbedingt in die Schule, weil Sie Kollegen oder Schülern etwas geben müssen?

- Gibt es jemanden, dem Sie die Informationen, Materialien, korrigierten Übungsaufsätze etc. mitgeben können?
- Gibt es eine Möglichkeit, mit krankem Kind zusammen kurz in der Schule vorbeizuschauen, um die wichtigen Dinge abzugeben?

Sie müssen unbedingt in die Schule, weil Sie von Kollegen oder Schülern unbedingt etwas entgegennehmen müssen?

- Gibt es jemanden, der Ihnen die Hausaufgaben, die Sie korrigieren möchten, oder die Materialien, die ein Kollege für Sie bereitgelegt hat, mitbringen kann?

Sie müssen Ihren Unterricht halten, weil bald eine Leistungserhebung ansteht und Sie noch gewisse Inhalte besprechen müssen.

Können Sie die Arbeitsaufträge an die Schule faxen oder mailen, damit ein vertrauenswürdiger Kollege den Unterricht in Ihrem Sinne halten kann?

Sie mussten im laufenden Schuljahr schon so oft zu Hause bleiben und haben jetzt ein schlechtes Gewissen den Kollegen gegenüber oder Angst, in Verruf zu geraten. Sie haben ein Recht auf Sonderurlaub zur Betreuung kranker Kinder! In welchem Umfang und unter welchen Umständen und Voraussetzungen, das unterscheidet sich wiederum von Bundesland zu Bundesland und zwischen Angestellten und Beamten. Deswegen sei hier wieder einmal darauf verwiesen, sich die entsprechenden Informationen von der Schulleitung, der Schulbehörde, dem Personalrat oder den Berufsverbänden zu holen.
Ich habe schon oft kranke, im Lehrerzimmer sitzende und malende Kinder der Kollegen angetroffen. Ich habe auch oft von Kindern gehört, die bei der Nachbarin untergebracht waren, damit die Mutter wenigstens die beiden wichtigsten Stunden am Vormittag halten konnte. Zudem gibt es natürlich auch immer wieder die Berichte von den Omas, die am Morgen aus dem Bett geklingelt werden und sich fast noch im Nachthemd auf den Weg zur Betreuung des Enkelkindes machen. Ich denke, leichtfertig bleibt keine Kollegin zu Hause, denn neben der Verantwortung für das kranke Kind ist sie sich natürlich auch der Verantwortung bewusst, die sie als Lehrerin hat. Das ist das Dilemma der Doppelrolle, das Frau nie los wird. Trotzdem bedarf ein krankes Kind fürsorglicher Pflege und jede Kollegin sollte wissen, dass sie ein Recht darauf hat, sich um ihr Kind zu kümmern. Andere Pflichten dürfen und müssen dann auch hinten anstehen.

Viele Fehlzeiten durch kranke Kinder und eigene Krankheit

In diesem Zusammenhang steht ein weiteres Problem, das jede Mami kennt: Kaum sind die Kleinen in Krippe oder Kindergarten, dann jagt ein Infekt den nächsten. Die Kinder bringen alle Viren und Bakterien mit nach Hause, die sich auch nur annähernd im eigenen Umfeld befinden. Und sie stecken dann natürlich alle anderen Familienmitglieder an, die ihrerseits wieder die mittlerweile Gesundeten infizieren … ein Teufelskreis. Da es aber allen Familien mit kleinen Kindern so geht – fragen Sie in Ihrem Kollegium mal nach, ich dachte lange, dass immer nur ich diejenige bin, die durch diese Fehlzeiten den anderen Kollegen einen Berg an Mehrarbeit verschafft, bis ich dann mal konkret mit den anderen Muttis gesprochen habe – ist das kein Grund, in Sorgen und einem schlechten Gewissen zu versinken. Es ist aber ein Grund, sich mit ein paar Kniffen auseinanderzusetzen, die diese Situationen für alle Beteiligten erleichtern.

- Legen Sie – am besten schon zu Schuljahresbeginn – einen Fundus an Materialien an, die Sie den vertretenden Kollegen geben können.
- Denken und planen Sie, wenn möglich, immer eine Woche im Voraus. Fertigen Sie auch schon die benötigten Kopien an und deponieren Sie diese an einem für den vertretenden Kollegen zugänglichen Ort.
- Mein Tipp für Sie, wenn eine Klassenarbeit ansteht: Liegt diese fix und fertig vorbereitet und in Klassenstärke kopiert vor, dann kann sie auch geschrieben werden, wenn Sie selbst nicht in die Schule kommen können.
- Legen Sie sich eine Liste an Filmen, YouTube®-Videos etc. an, die in Ihrer Abwesenheit gezeigt werden können.
- Scheuen Sie sich nicht, die Ihnen gesetzlich zustehenden zehn Tage zur Betreuung Ihrer Kinder einzufordern! Die kranken Mäuse brauchen Sie!

Selbstzweifel

Alle anderen schaffen das, nur ich nicht! Ich mache alles falsch! Ich genüge keiner meiner Rollen! Diese Gedanken werden kommen und sie werden manchmal ganz schön hartnäckig sein. Vor allem, wenn Sie sich in Ihrem Kollegium umhören und von der Dreifach-Mami erfahren, die während ihrer Elternzeit ihr W-Seminar weiterführt. Oder wenn Sie die frischgebackene Vierfach-Mami drei Monate nach der Geburt ihrer jüngsten Tochter doppelt so viele Stunden unterrichten sehen, wie Sie selbst, obwohl Sie nur zwei Kinder haben und die auch schon aus dem Gröbsten raus sind. Lassen Sie sich nicht unterkriegen! Erstens: Es gibt immer solche und solche Menschen, und vielleicht sitzen die Kinder der vermeintlich taffen Kolleginnen Nachmittag für Nachmittag vor dem Fernseher, während Ihre eigenen mit Ihnen Nachmittag für Nachmittag auf dem Spielplatz sind, basteln, kuscheln und echte Aufmerksamkeit bekommen. Und zweitens: Was die anderen machen, ist egal, Ihnen muss es gut gehen. Deswegen: Sprechen Sie mit den Kolleginnen, die in der gleichen Situation sind wie Sie selbst. Sie werden erfahren, dass auch deren Kinder krank sind. Dass auch sie für nichts Zeit haben. Und dass auch sie Selbstzweifel haben.
Diese Gespräche, bei denen so richtig jammern darf, empfinde ich immer als sehr wohltuend. Je mehr man klagt, desto mehr fängt meist auch das Gegenüber an, belastende Situationen zu schildern. Und so kann man sich gegenseitig erst bemitleiden, dann trösten, um anschließend mit einem lächelnden „aber hilft ja nix, wird schon irgendwie gehen“ auseinanderzugehen. Kolleginnen können einander wunderbar unterstützen!

Viele scheinbar übermenschlich belastbare Kolleginnen sind nur besonders gut darin, einen Schein aufzubauen. Wie es hinter der Fassade aussieht, weiß niemand. Vielleicht sitzen sie abends ebenfalls weinend vor Erschöpfung auf dem Sofa. Vielleicht wüten und trotzen ihre Kinder ebenfalls heftig, und werden mit zweifelhaften Erziehungsmaßnahmen ruhiggestellt. Und vielleicht ist der Unterricht gar nicht gut vorbereitet und die Korrekturen sind schlampig und nachlässig. Also lassen Sie sich nicht blenden, sondern konzentrieren Sie sich auf die Dinge, die bei Ihnen gut laufen!

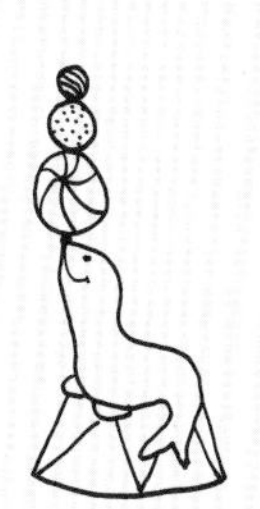

(Geistige) Überlastung

Hat man als Mama nicht schon genug damit zu tun, an alles zu denken, was die Kleinen in welcher Situation auch immer benötigen könnten, kommen jetzt noch die vielen Einzelheiten hinzu, die Sie sich für Ihren Schulalltag merken müssen. Da ist die geistige Überlastung vorprogrammiert. Und somit ist eines unerlässlich: eine verlässliche Ordnung. Folgende Techniken helfen mir ungemein und nehmen kaum Zeit in Anspruch:

Ordnung der Unterrichtsmaterialien

Wenn Sie wissen, welche Materialien Sie haben, brauchen Sie sich keine Gedanken mehr darüber zu machen. Nehmen Sie sich zu Beginn des Schuljahres etwas Zeit, um Ihre Unterlagen durchzusehen und um sich einen Überblick über die Kapitel des Schulbuches zu verschaffen. Hier und da eine Notiz hilft Ihnen später im hektischen Schulalltag weiter.

To-Do-Listen

Schreiben Sie sich auf, was an diesem Tag, in dieser Woche oder in diesem Monat zu tun ist. Zum einen müssen Sie sich die Dinge dann nicht ständig merken und haben geistige Kapazitäten frei, zum anderen ist es wunderbar befreiend, die Listen abzuhaken, durchzustreichen oder anzukreuzen und zu sehen, wie die Aufgaben weniger werden.

Notizzettel

Für ganz akute Fälle von Dringlichkeit müssen Notizzettel herhalten – am besten die selbstklebenden, die es in verschiedenen Größen, Formen und

Farben gibt. Auf dem Cover des Schulbuches, am Badspiegel, am Armaturenbrett oder auf dem Platz des Kollegen fallen sie auf und erfüllen ihren Zweck des Erinnerns.

Notizbuch

Mein persönlicher Favorit ist das Notizbuch, das ich – sofern ich Zeit finde – persönlich gestalte und das mich das ganze Schuljahr über begleitet. Ob mit vorgedruckter Einteilung gekauft oder aus einem Blanko-Heft selbst „designed", ist es ein wichtiger Helfer für alle kleinen und großen (be)merkenswerten Dinge und Ereignisse.

Mein Notizbuch sieht immer so aus:

- ein Kalender für das ganze Jahr
- ein Monatsüberblick
- eine Übersicht für die einzelnen Wochen
- Platz für die Notizen des jeweiligen Tages

So kann ich schnell Termine nachschlagen und eintragen, die noch in weiter Ferne liegen, mir einen Überblick über die Zeitspanne von Ferien zu Ferien verschaffen, die Woche planen und festhalten, was für den Unterricht in den einzelnen Klassen wichtig ist und war. Damit dieses System funktioniert, nehme ich mir am Morgen vor jedem Schultag und am Mittag nach Unterrichtsschluss konsequent fünf Minuten Zeit, um alles Relevante einzutragen. Einmal aufgeschrieben, ist es aus meinen Gedanken verbannt und ich bin wieder aufnahmefähig für Neues. Und wenn ich ganz schnell etwas wissen muss, weiß ich, wo ich nachschlagen kann.
Sensible Daten, wie Noten, Ordnungsmaßnahmen oder andere Angelegenheiten, die Ihre Schüler betreffen, müssen sorgfältig dokumentiert und verwaltet werden. Jede Lehrerin war bestimmt schon einmal in folgender Situation: Sie erheben am Vormittag einige mündliche Noten, notieren sich diese vielleicht sofort irgendwo, vielleicht aber auch nicht, sitzen dann abends vor Ihren Unterlagen und sind sich nicht mehr sicher, welche Schüler Sie nun ausgefragt haben, welche Noten Sie geben wollten und zu wem die Note gehört, die auf Ihre Stundenskizze gekritzelt ist. Nehmen Sie sich auch dafür konsequent Zeit und schreiben Sie sich alles zuverlässig auf. Wenn Sie zu Hause am Computer ein Notenprogramm pflegen, dann übertragen Sie täglich die Daten, denn nur so vermeiden Sie Chaos und strittige Situationen. Dasselbe gilt für besondere Vorkommnisse, Ordnungsmaßnahmen oder besondere Lehrer-Schüler-Gespräche.

© Hektik durch Termindruck

Als Mutti und Lehrerin ist man eigentlich permanent gehetzt. Man eilt morgens mit den Kindern unterm Arm zur Kita, um ganz schnell weiter in die Schule zu fahren. Dort stellt man fest, dass zum Kopieren keine Zeit mehr bleibt, hetzt an den Kollegen vorbei ins Klassenzimmer, mit dem guten Vorsatz, dass morgen alles anders wird. Mittags hat man die Vorsätze aber schon wieder vergessen, weil man ja ganz schnell weg muss – die Kinder warten schon … Und wehe, es ist mal wieder Stau auf den Straßen. Versuchen Sie, Ihren Schulalltag so realistisch wie möglich zu planen. Denken Sie also daran, dass Sie morgens Zeit brauchen, um Kopien anzufertigen und mittags, um den Vormittag zu dokumentieren. Außerdem gibt es immer wieder Schüler oder Kollegen, mit denen etwas zu besprechen ist oder Organisatorisches, das erledigt werden muss. Auch dafür benötigen Sie unbedingt Zeit. An diesen Bedürfnissen sollten Sie die Organisation Ihres Familienalltages ausrichten. Sicher ist es kein Problem, ein Gespräch mal auf den nächsten Tag zu verschieben oder mittags ausnahmsweise mal mit dem Gongschlag das Schulgebäude zu verlassen, aber es sollte nicht die Regel sein.

- Stellen Sie Ihren Wecker rechtzeitig, damit Sie alle Aufgaben, die schon morgens auf Sie warten, in Ruhe erledigen können!
- Sorgen Sie dafür, dass Ihre Kinder, wenn nötig, morgens frühzeitig und mittags lange genug betreut sind.
- Nutzen Sie mögliche Lücken in Ihrem Stundenplan, um beispielsweise schon Kopien anzufertigen, die Sie erst einige Tage später benötigen.
- Bleiben Sie gelassen!

Dies sollte man sich täglich mindestens einmal vorsagen, vor allem dann, wenn man sich wieder einmal in eine Situation wie diese manövriert hat:

Ich unterrichtete eine sehr lebhafte, aufgeweckte, zuweilen recht anstrengende 8. Klasse, in der ich immer wieder Ordnungsmaßnahmen androhen oder verhängen musste. Eine gewisse Konsequenz meinerseits war gefragt. Eines Tages forderte ich – mal wieder – zwei Schüler auf, am Stundenende zu mir zu kommen, um sich ihre Standpauke abzuholen. Das Stundenende verlief aber recht hektisch, es läutete schon, als ich noch die Arbeit zurück gab und die Schüler durften, entgegen der normalen Regelung, ohne gemeinschaftliche Verabschiedung das Klas-

senzimmer verlassen. Auch die beiden auffälligen Schüler entkamen, was ich aber nicht sofort merkte. Als es mir bewusst wurde, war die Pause in vollem Gange, um die 1000 Schüler tummelten sich in Pausenhof, Aula und dem übrigen Schulgebäude. Es gab also keine Chance für mich, die Übeltäter zu finden und zur Rede zu stellen. Ich konnte aber auch nicht warten, bis die nächste Unterrichtsstunde beginnt, um sie dann zur Rechenschaft zu ziehen, weil ich ganz schnell weg musste, um meine eigenen Kinder abzuholen. Am nächsten Tag hatte ich frei. Natürlich machte ich mir Gedanken über meine Wirkung als Pädagogin und die Glaubwürdigkeit meiner Aussagen. Gerade in einer Klasse mit derartigen Disziplinschwierigkeiten durfte so etwas eigentlich nicht passieren. Also sagte ich mir: Bleibe jetzt gelassen und ruhig, durchdenke in Ruhe die nächsten Schritte. Ich entschied mich dafür, den Kollegen ausfindig zu machen, der die Schüler nach der Pause unterrichtete. Er richtete ihnen aus, dass ich ganz und gar nicht erfreut war über ihr Verschwinden und dass sie mit weiteren Konsequenzen zu rechnen hätten. In der nächsten Stunde, in der ich selbst die Schüler wieder sah, nahm ich sie mir zur Brust (Notiz machen, das darf dann auf keinen Fall vergessen werden!) und sie erhielten ihre gerechte Strafe.
Sie sehen: Es gibt für alles eine Lösung!

◎ Unvorhersehbare Ereignisse (ungeahnte Überraschungen)

Genau dies erscheint in manchen Situationen allerdings ganz und gar unwahrscheinlich. Immer dann, wenn die Zeit sowieso schon drängt bzw. wenn außergewöhnliche Aufgaben und Termine anstehen, passieren unvorhersehbare Ereignisse, die den ganzen Plan durcheinanderbringen. Das kann die volle Windel sein, völlig verschmutzte Kleidung oder der Trennungsschmerz, der genau an dem Morgen aus den Kleinen herausbricht, an dem Sie unbedingt pünktlich sein müssen. Die Lösung klingt einfach und ist doch oft so kompliziert: Planen Sie IMMER genügend Zeit ein. Sie wissen, wie lange es dauern kann, bis Sie mit Ihren Kindern das Haus verlassen können. Sie wissen, wie lange der Schulweg dauern kann. Und Sie wissen, wie lange es dauern kann, bis sich Ihre Kinder von Ihnen verabschiedet haben. Zu wissen, dass man – rein theoretisch – gegen böse zeitliche Überraschungen gewappnet ist, schenkt Gelassenheit.

◎ (Phasenweise) viel zu viel Arbeit

Der Jahresrhythmus eines Lehrers zeichnet sich durch permanente Ferien aus – so die landläufige Meinung. Dass es zwischendurch immer wieder Phasen gibt,

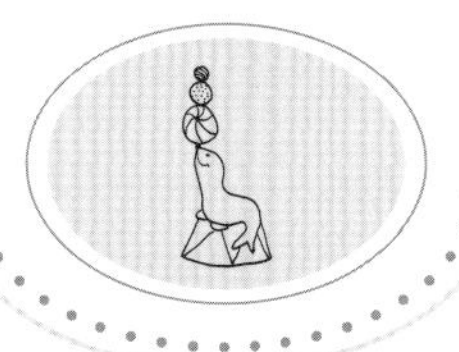

in denen man sich vor lauter Arbeit gar nicht mehr retten kann, wird gerne übersehen. Tatsächlich ist es so, dass es durchaus Abschnitte im Schuljahr gibt, in denen das normale Alltagsgeschäft läuft, man in der Vorbereitung auf vorhandene Materialien zurückgreift und so die eine oder andere freie Minute genießen kann. Und dann gibt es die Korrekturphasen oder die Erarbeitung neuer Unterrichtssequenzen, die einen zeitlich an den Rande des Wahnsinns bringen. Und diese Phasen gilt es, mit dem Familienleben in Einklang zu bringen und möglichst unbeschadet zu überstehen.

Gut geplant ist halb erledigt

Wie immer ist eine sorgfältige Planung äußerst hilfreich bei der Vermeidung von Stress und Überarbeitung. Wenn Sie wissen, dass eine arbeitsreiche Phase ansteht, dann überlegen Sie zunächst möglichst realistisch, wie viel Zeit Sie benötigen. Besprechen Sie mit Ihrem Mann oder anderen Unterstützern in Ihrem Umfeld, wie die Kinderbetreuung organisiert werden kann, damit Sie Zeit und Ruhe finden, um Ihre schulischen Aufgaben zu erledigen.

- Nimmt Ihr Mann den einen oder anderen Nachmittag frei?
- Können die Kinder nachmittags zu den Großeltern gehen?
- Gibt es Freunde, die sie vielleicht gleich nach der Schule besuchen können?
- Hat die Babysitterin ausnahmsweise auch mal zwei Nachmittage hintereinander Zeit?
- Oder arbeiten Sie sowieso nur abends und es macht Ihnen nichts aus, die nächsten Nächte lediglich wenige Stunden zu schlafen?

Ich habe übrigens auch schon von Kolleginnen erfahren, dass sie in diesen arbeitsreichen Phasen morgens um vier Uhr aufstehen, da sie zu dieser Zeit am produktivsten sind.
Alles ist möglich, es muss nur geplant und abgesprochen sein, wie das Beispiel eines befreundeten Lehrerehepaars zeigt: Beide unterrichten Deutsch und haben es dadurch mit besonders zeitaufwendigen Korrekturen zu tun. Sie planen die Termine ihrer Klassenarbeiten gemeinsam, damit immer einer korrekturfrei ist und für die Kinder da sein kann.

Ökonomisch arbeiten

Haben Sie einen Berg Korrekturen auf dem Schreibtisch liegen, können Sie sich nicht auch noch aufwendigen Unterrichtsvorbereitungen widmen. Greifen Sie in diesen Phasen auf fertige Stunden zurück. Nehmen Sie sich zu Beginn des Schuljahres ein bisschen Zeit, um einen groben zeitlichen Überblick zu bekom-

men. So können Sie ruhige Phasen nutzen, um Stundenskizzen zu erstellen oder Sequenzen zu planen. Im hektischen Alltag greifen Sie dann darauf zurück. Es ist übrigens auch unglaublich hilfreich, sich im September schon einmal zu überlegen, welcher Film denn zu welchem Thema passen könnte. Außerdem bietet auch das Internet unzählige Möglichkeiten, die Schüler zu beschäftigen, ohne als Lehrerin einen großen Aufwand betreiben zu müssen. Und genau dies brauchen Sie in den arbeitsreichen Phasen des Schuljahres.

Einen Fundus an flexibel einsetzbaren Materialien anlegen

Erschaffen Sie ein übersichtliches Ablagesystem auf Ihrem Rechner bzw. legen Sie sich einen Fundus an Materialien an, die Sie relativ unabhängig vom Zeitpunkt im Schuljahr flexibel einsetzen können. Das können Stunden zur Wiederholung von Grundwissen sein, Stunden zur Einübung bestimmter Arbeitstechniken oder Stunden zu fächerübergreifenden pädagogischen Themen wie Teambuilding, Entspannungstechniken, sozialen Kompetenzen etc. Immer, wenn Ihnen dazu etwas in die Hände fällt und Sie auf neue Ideen und Anregungen stoßen, dann sichern Sie alles in Ihrem persönlichen Ablagesystem, auf das Sie in Notfällen gerne zurückgreifen werden. Vielleicht gibt es in Ihrer Schule aber auch einen Materialpool mit genau dieser Art von Unterlagen?! Wenn nicht, dann regen Sie dies doch im Kollegium an. So kann ganz schnell vielen geholfen werden. Gute Tipps dazu haben im Übrigen oft die Schulpsychologen oder Sozialarbeiter der Schule.

Mit den Kollegen kooperieren

Nicht nur der gedankliche Austausch unter Kollegen ist unglaublich wichtig und hilfreich, sondern auch der Austausch von Materialien. Wer unterrichtet parallel zu Ihnen die gleiche Jahrgangsstufe und ist bereit, Ihnen seine Arbeitsblätter und Ideen zur Verfügung zu stellen? Dass Sie sich dann dafür revanchieren und mit Ihren eigenen Materialien ebenfalls recht freigiebig sind, versteht sich von selbst. An vielen Schulen existieren auch fachspezifische Sammlungen an Materialien, Arbeitsblättern, Tafelbildern etc. Oftmals gibt es auch Abonnements von pädagogisch-didaktischen Fachzeitschriften, die sortiert und nach Fächern und Jahrgängen abgeheftet in irgendwelchen Schränken stehen. Greifen Sie bei Ihrer Unterrichtsvorbereitung auch darauf zurück!

◎ Perfektionismus

Viele Lehrer sind von diesem Phänomen befallen, ich selbst kann ebenfalls ein Lied davon singen. Jahrelang hat es mir großen Spaß gemacht, Unterrichtssequenzen perfekt auszuarbeiten, mit liebevoller Hingabe Arbeitsblätter zu erstellen und mir immer wieder aufs Neue tolle Gruppenarbeiten, Freiarbeitsaufgaben und Lernzirkel zu überlegen. Das Material dazu habe ich selbstverständlich

selbst zusammengesucht, gebastelt und laminiert. Als Mutter, die auch noch unterrichtet, habe ich dazu plötzlich keine Zeit mehr, was mich anfänglich ganz schön aus der Bahn geworfen hat. Ich hatte diesen Anspruch an das perfekte Material, den perfekten Unterricht und die perfekten Korrekturen immer noch, habe aber gemerkt, dass er zeitlich mit meiner Doppelrolle nicht mehr in Einklang zu bringen ist. Und bevor ich angefangen habe, täglich darüber zu hadern und permanent das Gefühl zu haben, den Ansprüchen nicht gerecht zu werden, habe ich angefangen, die Ansprüche an meine neue Realität anzupassen. Das bedeutet konkret:

- Arbeitsblätter müssen ihren didaktischen Zweck erfüllen und keinen Designwettbewerb gewinnen!
- Korrekturen müssen sorgfältig erledigt werden, aber nicht zur Lebensaufgabe mutieren!
- Der Unterricht muss ordentlich vorbereitet sein, es muss aber nicht täglich ein Feuerwerk der Unterhaltung gezündet werden! Mit einem gelungenen Einstieg dürfen die weiteren Stundenphasen auch gerne mal gewöhnlich sein.
- Eine neue Sequenz muss durchdacht und gut strukturiert sein, Sie müssen aber das Rad nicht neu erfinden!

Wenn Sie sich hin und wieder ein paar Minuten Zeit nehmen, vergangene Unterrichtsstunden bzw. Arbeitsphasen zu reflektieren, werden Sie rückblickend feststellen, dass es gar nicht so schlecht lief. Und das ganz ohne Perfektionismus.

Auch die anderen im Kollegium sind nicht perfekt! Außerdem ist es viel wichtiger, Ihre Doppelrolle unter einen Hut zu bringen und die Bedürfnisse Ihrer Familie nicht außer Acht zu lassen. Sie müssen in keinerlei Hinsicht als Inbegriff der Perfektion gelten. Und manchmal ist weniger auch mehr!

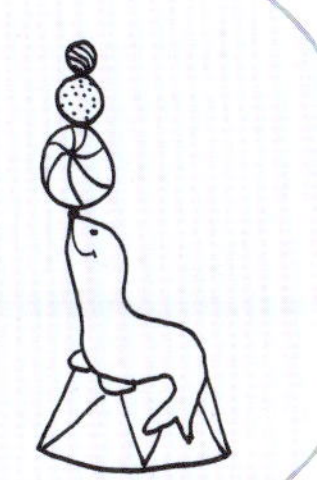

◎ Engagement außerhalb des Unterrichts

Ein weiteres Problem sind die außerunterrichtlichen Erwartungen, mit denen Sie als Lehrerin konfrontiert werden. Da sollten Sie als gute Klassenleiterin vielleicht neben dem Unterricht noch eine Klassenzeitung ins Leben rufen, Klassenpartys organisieren oder Elternstammtische initiieren. Möglicherweise werden Betreuungslehrkräfte für Skilager, Studienfahrten und Kennenlerntage gesucht und das Team, das sich Gedanken um die Schulentwicklung macht, will auch unterstützt werden. Außerdem sollte man immer mal wieder besondere Projekte anstoßen, die die Schüler vielleicht sogar mit externen Partnern verwirklichen können. Klar, dass Sie derartige Ansprüche nicht erfüllen können. Aber mit ein paar Ideen gibt es auch hierfür Lösungen:

- Gibt es in Ihrem Unterricht entstandene Hefteinträge, die für alle kopiert werden können? Gelocht und geheftet ist damit schnell eine Klassenzeitung erstellt, die über den Lernfortschritt oder über eine spezielle Unterrichtssequenz informiert.
- Halten Sie Arbeitsergebnisse auf bunten Plakaten fest, die dann im Gang vor Ihrem Klassenzimmer aufgehängt werden: Schon ist eine Ausstellung zur Verschönerung des Schulhauses entstanden.
- Gibt es im Lehrplan eine Sequenz, zu der Sie mit Ihren Schülern etwas basteln, bauen oder anderweitig herstellen können? Dann organisieren Sie einen Schaukasten und stellen Sie die fertigen Produkte aus. Sie werden erfreut sein über die Außenwirkung und die anerkennenden Kommentare!
- Die Mutter der besten Freundin Ihrer Tochter hat ein Kinderbuch verfasst? Dann fragen Sie sie, ob Sie bereit ist für eine Lesung in Ihrer Klasse oder Schule.
- Die AG zur Schulentwicklung freut sich bestimmt auch über temporären Zuwachs. Wenn es um Themen geht, die Sie wirklich interessieren, dann finden Sie bestimmt an dem einen oder anderen Termin Zeit, um sich einzubringen. Das heißt ja nicht, dass Sie regelmäßig und immer teilnehmen müssen, wenn Ihr Terminplan das nicht erlaubt.
- Gibt es in Ihrer Stadt Initiativen, Organisationen, soziale Projekte oder gemeinnützige Einrichtungen, die froh sind um eine Möglichkeit, ihren Bekanntheitsgrad zu erweitern? Wenn es sich nicht gerade um parteipolitischen Wahlkampf oder die neueste Marketingstrategie des ortsansässigen Großunternehmens handelt, ist eine Kooperation mit der Schule oft schnell und unkompliziert organisiert.

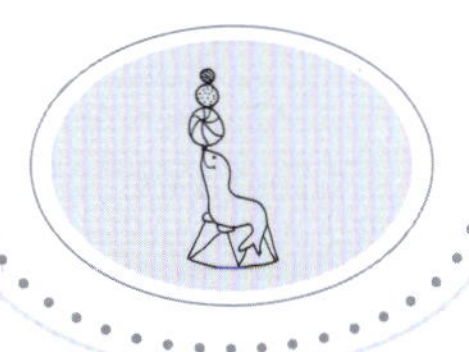

Zusatztermine

Die Tücken des Lehrerberufs liegen unter anderem auch in den vielen Zusatzterminen, die Schuljahr für Schuljahr anstehen. Sei es der Wandertag, der an Ihrem freien Tag stattfindet oder die Konferenz, die den ganzen Nachmittag dauert. Schon das kurze Treffen nach Unterrichtsschluss, bei dem der zuständige Kollege die Nutzung des Zeugnisprogramms erklärt, wird zum Problem. Von den Zeugnissen, die dann natürlich auch noch geschrieben werden müssen, sprechen wir noch gar nicht. Die Lösung liegt hier – wieder einmal – in einer guten Organisation und in einem zuverlässigen Unterstützernetzwerk.

Planen Sie Ihre Wochen gründlich und in Ruhe.

Wer ist wann und in welchem Umfang für die Kinder zuständig?
Mein Tipp für Sie: Mein Mann und ich haben es zum Ritual werden lassen, am Sonntagabend die kommende Woche durchzusprechen. Da hilft dann ein Familienkalender oder auch mein Notizbuch mit Kalender und Wochenübersicht, damit alle Termine und Absprachen auch festgehalten werden. Man muss unter der Woche auch mal nachschauen können, wann genau und auch wo man denn die Kinder abholen muss … Wir sprechen übrigens auch über Einkäufe, Essenspläne, Rasenmähen und Fensterputzen …

Organisieren Sie sich ein Unterstützernetzwerk, das unkompliziert funktioniert.

Oft genügt es, wenn die Nachbarin oder die Mutter eines Schulkameraden Ihr Kind nach der Schule mit nach Hause nehmen kann. Vielleicht ist es auch möglich, dass Ihr Kind regelmäßig einen Nachmittag in der Woche bei der Schulfreundin sein darf, im Gegenzug bieten Sie an einem anderen Tag Kinderbetreuung.

Wie tolerant sind die Erzieherinnen in der Kita?

Ich weiß beispielsweise, dass ich mir hin und wieder mal die eine oder andere Verspätung erlauben darf. Benötige ich ausnahmsweise mittags etwas mehr Betreuungszeit – ist auch dies nach Absprache möglich. Natürlich reize ich diese Toleranz nicht aus, aber es ist gut zu wissen, dass ich die Möglichkeit habe.

◎ Schließtage in der Kita

Zu den Alltag durcheinanderbringenden Zusatzterminen gehören auch die Schließtage in Krippe und Kindergarten. Von Zeit zu Zeit haben die Einrichtungen einen ganzen Tag geschlossen und Sie wissen nicht, wo Sie Ihre Kinder unterbringen können. Eine Freundin von mir – selbst Lehrerin, momentan allerdings in Elternzeit – erklärt sich immer gerne bereit, an diesen Vormittagen einen ganzen Schwung Kinder zu betreuen. So eine Freundin ist goldwert! Ansonsten muss auch hier wieder das Unterstützernetzwerk greifen, denn meistens „opfert" man für solch einen Termin ungern einen seiner gesetzlich zustehenden Kinderbetreuungstage. Die werden für die Grippewellen, Magen-Darm-Epidemien und Hand-Mund-Fuß-Erkrankungen benötigt.

◎ Erziehungsaufgaben in der Schule – Erziehungsaufgaben zu Hause

Ihnen schwirrt der Kopf von der Horde pubertierender Schüler, die Sie den ganzen Vormittag versucht haben zu bändigen? Außerdem ärgern Sie sich noch über eine doch etwas unverschämte E-Mail einer Schülermutter und die Kollegen wollten heute gefühlt alle gleichzeitig und sofort mit Ihnen kommunizieren? Dann kommen Sie in die Kita und stellen fest, dass Ihr Kind heute gar keine Lust hat, sich selbst die Schuhe anzuziehen – auch nach gefühlten 385 Aufforderungen Ihrerseits nicht. Außerdem verkündet es lautstark und mit kindlicher Vehemenz, dass es jetzt sofort ein Eis will und dann noch in den Zoo, am liebsten mit Freund X, Y und Z. Als Sie ihm erklären, dass Sie – vielleicht – auf dem Heimweg noch kurz am kleinen Spielplatz halten, alles andere aber ein Ding der Unmöglichkeit ist, stoßen Sie auf wenig bis gar kein Verständnis und erleben einen lautstarken Akt der Verzweiflung. Am liebsten würden Sie jetzt mit dem Kind schreien, toben, zetern und sich auf den Boden werfen. Geht aber nicht, Sie sind die Mutter, müssen Contenance bewahren, konsequent sein, erziehen, trösten und – das Kind irgendwie nach Hause bringen. Das wäre alles vielleicht nicht so schlimm, wenn Sie nicht schon einen ganzen Vormittag mit mehr oder weniger nervenaufreibenden Konflikten verbracht hätten. Der Erziehungsauftrag der Schule geht nahtlos über in die Erziehungsaufgaben, die zu Hause auf Sie warten. Und die Leidtragenden sind oft die eigenen Kinder, die dann die Emotionen der gestressten Mutti abbekommen.

Wenn dies nicht zum Dauerzustand wird, ist es nicht sooo schlimm, wenn Ihre eigenen Kinder auch mal die Anspannung abbekommen. Kinder müssen lernen, dass auch die Mama verschiedene Stimmungen haben kann und dass es Zeiten gibt, in denen man als Sohn oder Tochter besonders gut gehorchen muss. Grundsätzlich müssen Kinder sowieso lernen, dass sie auf die Eltern hören müssen, aber das ist ein anderes Thema.

Aber es ist natürlich auch für Sie als Mama nicht schön zu merken, dass man den Frust und die Strapazen der Schule oft an den eigenen Kindern auslässt, deshalb hier ein paar Tipps, wie man diese unschönen Situationen vermeiden kann. Kurz und knapp zusammengefasst bedeutet das:

Abschalten und neu anfangen!
Haben Sie die Möglichkeit, zwischen dem Schulschluss und dem Beginn des Familiennachmittags eine kleine Pause einzulegen? Kämpfen Sie darum, denn ein paar Minuten Auszeit wirken Wunder, um aus der einen Rolle herauszukommen und in die andere hineinzuschlüpfen.

- Nutzen Sie die Fahrtzeit bzw. Ihren Schulweg!
- Essen Sie in der Schule zu Mittag!
- Erledigen Sie Einkäufe!
- Ruhen Sie sich aus – vielleicht haben Sie sogar die Möglichkeit, ein paar Minuten die Beine hochzulegen und zu schlafen.
- Hören Sie ein paar Takte Ihrer Lieblingsmusik – im Auto, mit Kopfhörern unterwegs, im Wohnzimmersessel …
- Schnappen Sie frische Luft, indem Sie bewusst ein paar Mal tief ein- und ausatmen, bevor Sie die Tür zur Kita öffnen.

Machen Sie auf jeden Fall etwas, was keine Ermahnungen erfordert, sie nicht vor komplizierte Entscheidungen stellt oder Ihre Nerven und Gedanken in einer anderen Art und Weise fordert. Gefordert werden Sie in Ihrem Alltag schon genug! Und Durchstarten können Sie nur entspannt!

◎ „Du hast doch Zeit!" - Nicht unabhängig arbeiten können

Fluch und Segen der freien Zeiteinteilung wurden schon oft angesprochen. Eine meiner lieben Kolleginnen, mit der ich mich sehr gerne über Wohl und Weh unserer Doppelrollen austausche, brachte dies in einem unserer Gespräche auf den Punkt:

> Ich bin es leid, immer jemanden um Unterstützung bitten zu müssen, wenn ich arbeiten möchte. So froh ich bin, auch etwas für den Familienunterhalt beitragen zu können und auch einen eigenen Bereich in meinem Leben zu haben, so sehr bin ich genervt darüber, dass ich genau dies aber immer wieder neu einfordern muss. Es ist klar, dass **ich** die Kinder morgens fertig mache und in Kita und Schule bringe, weil ich extra familienfreundlich die ersten Stunden frei habe. Ist das nicht der Fall, gehen die Kinder selbstverständlich in die Frühbetreuung, in die **ich** sie natürlich bringe. Es ist klar, dass **ich** die Kinder abhole und mich nachmittags um sie kümmere, weil ich ja den ganzen Nachmittag frei habe. Und es ist auch klar, dass **ich** am Wochenende für die Familienaktivitäten zur Verfügung stehe oder mich um den Haushalt kümmere, weil ja schließlich Wochenende ist. Liegen Korrekturen auf meinem Schreibtisch oder steht die Planung einer neuen Unterrichtssequenz an, dann kann ich sehen, wie ich das organisiere: entweder, ich bitte jemanden darum, sich um die Kinder zu kümmern, oder ich schiebe diese Arbeiten irgendwann dazwischen – am besten abends, wenn alle anderen erschöpft vom Arbeitstag die Füße hochlegen. Hätte ich einen Nine-to-Five-Job – am besten mit Stempelkarte – wäre klar, dass ich in dieser meiner Arbeitszeit einfach nicht verfügbar bin.

Auch in diesen Situationen – und die kennt wohl jede Lehrerin in der Doppelrolle – muss die Organisation von Familienalltag und Schule zuverlässig unter einen Hut gebracht werden. Niemand kann von Ihnen erwarten, dass Sie die Vor- und Nachbereitung Ihrer schulischen Angelegenheiten nebenbei erledigen. Sie können vielleicht mit einem Kind am Bein die Spülmaschine ausräumen oder spätabends noch Wäsche zusammenlegen, aber keine Klassensätze korrigieren oder Zeugnisse schreiben. Deswegen:

- Überlegen Sie realistisch, wie viel Zeit Sie regelmäßig neben dem Unterricht brauchen und beanspruchen Sie klare Arbeitszeiten für sich!
- Organisieren Sie die Kinderbetreuung so, dass Sie in Ruhe und ohne Zeitdruck arbeiten können.

- Hören Sie auf Ihren Biorhythmus: Arbeiten Sie morgens, mittags oder abends effektiver?
- Denken Sie darüber nach, ob Sie vor oder nach Ihren Unterrichtsstunden nicht doch lieber noch in der Schule arbeiten, um zu Hause dann „frei“ zu sein.
- Denken Sie auch an sich und an die eine oder andere Minute Zeit zur Entspannung! Sie haben ein Recht darauf!

Permanenter Stress

Ich denke, die Endlosigkeit der Anforderungen, der Sie in der Doppelrolle als Lehrerin und Mama ausgesetzt sind, ist für viele das größte Problem. Das wiederum ist so umfassend und so unausweichlich, dass es kaum die eine spezielle Lösung dafür gibt. Für manche belastende Zustände gibt es wohl gar keine Lösung. Dennoch muss man alles versuchen, um in die Lage zu kommen, den Dauerbelastungen standhalten zu können bzw. sich den Alltag zu erleichtern. Ich habe bereits die unterschiedlichsten Umstände angesprochen und möchte an dieser Stelle einige Tipps, Tricks und Ratschläge noch einmal aufgreifen, teilweise noch weitere Aspekte anführen und Ihnen zeigen, dass es wirklich wunderbar sein kann, Mama und Lehrerin zu sein.

Starten Sie entspannt in den Tag

Klar, der Wecker klingelt immer zu früh und vor allem, wenn die Nächte durchzogen sind von verlorenen Schnullern, vermeintlichen Hexen auf dem Balkon und verrutschten Bettdecken, ist der Gedanke, einfach mal früher aufzustehen, besonders absurd. Aber es wirkt, es macht den Morgen entspannter, gibt Kraft und lässt Sie den Tag gelassener meistern. Sogar eingefleischte Abendmenschen bestätigen dies. Die Zauberformel lautet: ein paar Minuten allein für mich! Ich genieße es, in Ruhe die Zähne zu putzen, zu duschen und meine Kleidung für den Tag auszuwählen. Es bleibt Zeit für die liebevolle Zubereitung eines gesunden, frischen Frühstücks (Auf das man dann auch noch stolz sein kann!) und manchmal sogar für ein paar Minuten Zeitung lesen. Dies ist meine Art der Meditation, die mich stärker macht für die Anforderungen, die im Laufe des Tages auf mich warten. Der Alltag lässt in seiner Hektik meist kaum eine Verschnaufpause zu und da ist es sehr wohltuend, den Tag in Ruhe zu beginnen. Ein weiterer Pluspunkt: Die Chancen, zu spät zu kommen, verringern sich. Wenn Sie morgens genügend Zeit haben, um sich selbst und die Kinder fertig zu machen, das Frühstück und das Pausenbrot zu richten und die Gedanken über die Aufgaben des Tages zu sortieren, dann müssen Sie nicht spätestens beim Wecken des zweiten Kindes immer wieder betonen, wie spät Sie doch heute dran seien und wie wichtig es sei, sich nun *wirklich* zu beeilen. Wenn Sie sowieso ein Morgenmensch sind, dann machen

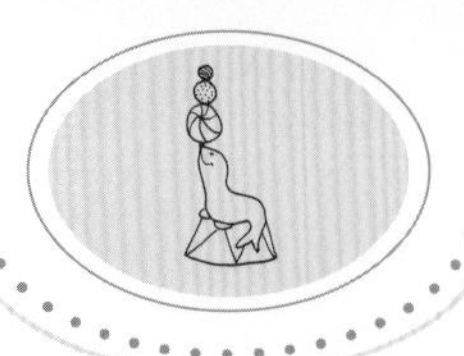

Sie sich diese Eigenschaft zu Nutzen und erledigen schon ein paar Dinge, für die sie abends vielleicht keinen Kopf, keinen Nerv und keine Kraft mehr haben. Ich genieße solche Tage, an denen ich schon morgens in einen beschwingenden Flow gerate. Da kann es sein, dass ich um 8 Uhr schon selbst geduscht, angezogen und geschminkt das Frühstück für die Familie gemacht habe, das Bett von Kind 1 abgezogen und die Wäsche in die Waschmaschine gesteckt habe, nebenbei nicht nur Kind 1, sondern auch Kind 2 kindergartenfertig gemacht habe, einen Hefeteig hergestellt und die Spülmaschine aus- und wieder eingeräumt habe. Abends um Acht liege ich dann allerdings auf der Couch und schlafe. Zugegeben, ruhig ist so ein Start in den Tag nicht, aber effektiv und für meinen weiteren Alltag hilfreich, da die To-Do-Liste schon morgens geschrumpft ist.

Verabschieden Sie sich von überzogenen Ansprüchen und unnötigem Perfektionismus

Die Kinder dürfen auch mal mit verkrusteten Schuhen, fleckigen Hosen oder knittrigen T-Shirts in Krippe, Kindergarten oder Schule gehen. Es darf auch mal Nudeln mit Ketchup geben. Und Sie dürfen auch mal alle zusammen einen Nachmittag nicht im Garten, auf dem Spielplatz oder im Zoo, sondern auf der Couch im Wohnzimmer verbringen – sogar mit Fernseher, Hörspielen oder Tablet. Die Dosis macht das Gift und wenn es der Entspannung dient, dann ist (fast) alles erlaubt.

Gönnen Sie sich Auszeiten

Egal, ob es die schon beschriebene Ruhephase nach dem Unterricht ist oder die Ferienzeit, in der Sie versuchen, sich zu erholen und Kraft zu tanken: Sie brauchen Zeit für sich. Niemand kann ununterbrochen arbeiten und für andere da sein. Und die Organisation der Familie, die aktive Kinderbetreuung und das Führen eines Haushalts sind auch Arbeit! Nehmen Sie sich Zeit für eine kleine Achtsamkeitsübung – am besten mittags, um die Schule hinter sich zu lassen und Kraft für den Nachmittag mit den Kindern und den Haushalt zu tanken.
Eine ganz hilfreiche und inspirierende Auszeit ist für mich übrigens immer das Essengehen mit Kollegen, die keine Kinder haben. Das sind meist herrliche Gespräche aus einer für mich ganz anderen Welt und ich gehe bereichert, entspannt und gestärkt nach Hause.

Üben Sie sich in Gelassenheit

„Mama, mach locker!", hat mein damals knapp zweijähriger Sohn mir einst beim Abendessen gesagt. Und genau dies ist mein Motto für besonders anstrengende Tage oder Phasen geworden. Wenn ich merke, dass mir mal wieder alles über den Kopf zu wachsen droht, versuche ich mich locker zu machen, kurz durchzuatmen und meine Gelassenheit wiederzufinden. Und dabei hilft es mir ungemein, auch mal Fünfe gerade sein zu lassen. Das bedeutet ganz konkret:

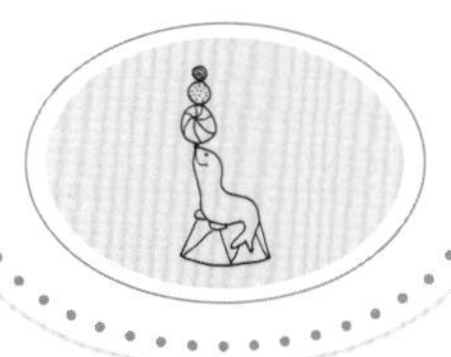

- Ich greife auf alte Stundenskizzen zurück und optimiere sie nicht.
- Ich zeige einen Film im Unterricht oder lasse die Schüler basteln, selbstständig etwas üben, lesen … Ich nehme mich auf jeden Fall soweit wie möglich raus aus dem Unterrichtsgeschehen.
- Ich gehe mit meinen Schülern in den Computerraum und gebe ihnen umfassende Rechercheaufträge.
- Mit meinen eigenen Kindern gehe ich zum Pommes-Essen oder wir machen abends ein Picknick auf dem Küchenboden mit Nudeln, Keksen und Muffins.
- Auch meine Kinder dürfen auch mal länger fernsehen – Entspannung für beide Seiten.
- Manchmal bleiben sogar die Füße schwarz und die Kleinen gehen nach einem langen Barfuß-Tag einfach so ins Bett.

Seien Sie stolz auf sich!
Als Lehrerin und Mama leisten Sie eine ganze Menge, und darauf dürfen Sie stolz sein! Sie haben einen anspruchsvollen, anstrengenden und verantwortungsvollen Job und eine wundervolle Lebensaufgabe, beides meistern Sie fabelhaft. Dass es Phasen gibt, in denen es – vermeintlich – nicht läuft, dass es Tage gibt, an denen – vermeintlich – alles schief geht und dass es Situationen gibt, denen Sie – vermeintlich – nicht gerecht werden können, ist ganz normal. Das muss auch so sein, niemand und nichts ist perfekt, ohne Ecken und Kanten.
Aber: Aus Krisen kann man auch gestärkt hervorgehen und meistens ist es im (ehrlichen) Rückblick auch gar nicht mehr so schlimm.

DAS ALLERWICHTIGSTE IN KÜRZE: MAMIS KLEINE HELFER

- Gespräche mit anderen Frauen in der gleichen Situation; Sie dürfen hier auch mal jammern und weinen, meistens merkt man aber ganz schnell, dass das, was man gerade erlebt, ganz normal ist.
- Ein zuverlässiges Netzwerk an Helfern und Unterstützern aus der Familie oder der engeren Umgebung
- Tolerante Erzieherinnen in Krippe, Kindergarten, Hort (ab und zu eine Schachtel Pralinen muss dann aber schon drin sein!)
- Kooperation mit den Kollegen – in jeder Hinsicht
- Zuverlässiges und sorgfältig geführtes Organisations- und Dokumentationssystem des Schul- und des Familienalltags
  → To-Do-Listen, Notizzettel, Notizbuch, Familienkalender
- Entspannung – in welcher Form auch immer
  → Lieblingsmusik, Zeit, allein im Bad zu sein, Sport, Power-Nap
- Eine Kleiderbürste (sobald Sie eine haben, wissen Sie warum) und Feuchttücher (als Mama stellt man sich sowieso die Frage, wie ein Leben ohne Feuchttücher jemals möglich war)
- Der Gedanke: Das ist alles nur eine Phase!

SCHWANGER IM REFERENDARIAT

Das Referendariat ist eine besondere Zeit, mit vielen Belastungen und Herausforderungen, da kann jede Lehrerin ein Lied davon singen. Kommt in dieser Zeit noch eine Schwangerschaft hinzu oder gilt es, zusätzlich die eigenen Kinder zu betreuen, kann man ganz schnell an seine Grenzen geraten. Mit ein paar Tipps, Tricks und Informationen zu den eigenen Rechten und Pflichten lässt sich auch diese Zeit überstehen. Ich habe Grundlegendes für Sie zusammengestellt – viele Informationen in den vorangegangenen Kapiteln ist auch für Referendarinnen relevant – beachten Sie hier bitte wieder die Hinweise auf die jeweiligen Verordnungen Ihres Bundeslandes.

Was nun?

a.) Sie können das Referendariat später beginnen.

b.) Sie können das Referendariat unterbrechen und später fortsetzen.

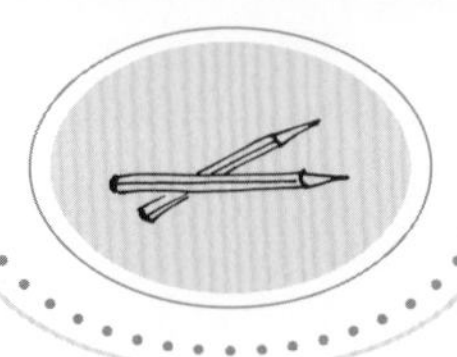

Entscheidung a.)
Sie können nach dem Ersten Staatsexamen bzw. nach dem erworbenen Master of Education pausieren, bevor Sie in das Referendariat eintreten. Die Dauer der möglichen Pausen variiert in den einzelnen Bundesländern, z. B. in Hessen fünf Jahre, in Baden-Württemberg vier Jahre. Informieren Sie sich hierzu für Ihr Bundesland und beachten Sie auch, dass einige Bundesländer nach einer längeren Pause ein Kolloqium oder eine andere Qualifikation als Voraussetzung für den Wiedereinstieg fordern. Prüfen Sie bitte auch, ob es Fristen gibt, die vorgeben, bis wann Sie nach der von Ihnen studierten Prüfungsordnung das Referendariat absolvieren dürfen. Überschreiten Sie diese Frist, könnte es Ihnen passieren, dass der Einstieg in das Referendariat nicht mehr möglich ist.

Entscheidung b.)
Sobald Sie von der Schwangerschaft erfahren, sollten Sie Ihre Schulleitung und Ihr Ausbildungsseminar darüber informieren, auch wenn Sie die Stelle noch vor dem Mutterschutz antreten. Sie sind allerdings nicht verpflichtet, dies zu tun. Hört man sich unter schwangeren Referendarinnen um, erfährt man schnell, dass die Information über die eigene Schwangerschaft so lange wie möglich zurückgehalten wurde, wenn noch Beurteilungen während der Ausbildungsphase ausstanden. Die Sorge, man könnte benachteiligt werden, ist groß. Ich rate dennoch dazu, denn Sie haben sonst natürlich auch kein Recht auf besondere Schutzmaßnahmen, die Ihnen die Schwangerschaft erleichtern und Sie und Ihr Baby schützen. Wenn Sie die Schulleitung und das Ausbildungsseminar über Ihren Zustand unterrichten, genügt es meist, eine Kopie des Mutterpasses vorzulegen. Manchmal verlangt die Schulleitung eine gesonderte ärztliche Bescheinigung – möglicherweise mit attestiertem voraussichtlichem Entbindungstermin. Lassen Sie Ihren aktuellen Immunstatus ärztlich abklären und besprechen Sie mit Ihrer Schulleitung ein mögliches Gefährdungsrisiko. Auch eine Beratung darüber, wie Sie während und nach der Schwangerschaft Ihre Ausbildung fortsetzen können, ist sinnvoll. Sie haben z. B. ein Recht auf Freistellung im notwendigen Umfang zur Durchführung der Untersuchungen im Rahmen der Leistungen der gesetzlichen Krankenversicherung bei Schwangerschaft und Mutterschaft.
Fragen Sie in Ihrem Studienseminar nach, auch die zuständige Schulbehörde berät Sie in diesen Fragen umfassend.

Checkliste (vgl. auch Kapitel I.3):

- Anzeige der Schwangerschaft mit voraussichtlichem Entbindungstermin
- Klären des Immunstatus
- Gefährdungsbeurteilung
- Einhalten der Mutterschutzfristen oder schriftliche Erklärung über Weiterbeschäftigung
- Anzeige der Geburt des Kindes durch die Geburtsurkunde
- Antrag auf Elterngeld
- Antrag auf Kindergeld
- Antrag auf Elternzeit
- Antrag auf Wiederaufnahme des Vorbereitungsdienstes
- Sie haben auch als Schwangere das Recht, Ihr Referendariat zu beginnen und sind bis zum Beginn des Mutterschutzes keinerlei Beschränkungen unterworfen (vgl. §1(2) MuSchV).

Mutterschutz und Wiedereinstieg

Sechs Wochen vor der Geburt beginnt Ihr Mutterschutz, dieser gilt bis acht Wochen nach der Geburt – bei Mehrlings- und Frühgeburten zwölf Wochen nach der Geburt. In den acht Wochen vor der Geburt dürfen Sie auf eigenen Wunsch – wenn Sie sich ausdrücklich schriftlich dazu bereiterklären – und auf Vorlage einer ärztlichen Unbedenklichkeitserklärung auch kurz vor der Geburt noch unterrichten oder Prüfungen ablegen.

Während (schriftlicher) Examensprüfungen haben Sie unter Vorlage eines amtsärztlichen Attests einen Anspruch auf Hilfeleistungen (z. B. zusätzliche Pausenzeiten). Die oben beschriebene Erklärung können Sie jederzeit widerrufen. In den acht Wochen nach der Geburt jedoch besteht ein Beschäftigungsverbot. Wenn Sie nach dieser Frist wieder in den Vorbereitungsdienst einsteigen möchten, dann teilen Sie dies Ihrer Schulleitung und Ihrem Ausbildungsseminar rechtzeitig mit (in der Regel vier Wochen vor Wiedereinstieg) und machen Sie sich konkret Gedanken darüber, wie Ihre Doppelbelastung von nun an organisiert werden kann. Denken Sie beispielsweise an Ihr Recht auf Stillzeiten! Auch eine spätere Rückkehr in das Referendariat ist möglich. Bleiben Sie unbedingt mit der Ausbil-

dungsschule, dem Seminar und der Schulbehörde in engem Kontakt. Halten Sie auch alle gesetzlichen Vorgaben unbedingt ein.

Elternzeit und Wiedereinstieg
Sie können als Referendarin Elternzeit beantragen. Sie unterbrechen damit die Ausbildung und setzen sie später fort. Informieren Sie sich bei Ihrer Seminarleitung oder Ihrer Schulbehörde über die Möglichkeiten und Fristen in Ihrem Bundesland. Nach der Elternzeit sollten Sie gemeinsam mit den Betreuern darauf achten, dass die nun vorliegenden Bedingungen mit einer durchgängigen Ausbildung möglichst vergleichbar sind. Ihre Pflichten als Mutter sollten dabei berücksichtigt werden. Der Antrag für die Wiederaufnahme des Vorbereitungsdienstes kann unter bestimmten Bedingungen verschoben werden. Genaue Fristen geben in jedem Bundesland genau vor, wie lange Sie den Wiedereinstieg verschieben können. Hierzu bedarf es zudem der Zustimmung der obersten Dienstbehörde. Achtung: Einen Monat vor Beendigung der Elternzeit muss bei der Ausbildungsbehörde der Antrag auf Verschiebung des Wiedereinstellungstermins und gleichzeitige Beurlaubung ohne Anwärterbezüge für die Dauer der Zwischenzeit gestellt werden. Wird die Elternzeit nach der Meldung zur Staatsprüfung angetreten, ruht das Prüfungsverfahren. Während der Elternzeit dürfen Prüfungsleistungen für die Staatsprüfung nicht erbracht werden. Letzteres gilt in gleicher Weise im Falle einer Verschiebung des Wiedereinstellungstermins für die Dauer einer bewilligten Beurlaubung.

Verlängerung des Referendariats
Generell gilt: Die Ausbildung verlängert sich bei Dienstunfähigkeit oder Beschäftigungsverbot über mehr als ein Drittel der Ausbildungszeit, es ist aber nicht möglich, den Ausbildungsabschnitt zu wiederholen. Mutterschutzfristen gelten dabei dienstrechtlich als normale Arbeitszeiten. Sie führen nicht automatisch zu einer Verlängerung des Referendariats. Allerdings kann dieses auf Antrag und in Rücksprache mit der Seminarleitung unter Umständen verlängert werden. Durch eine Mutterschutzfrist wird das Ende der Probezeit nicht hinausgeschoben (im Gegensatz zur Elternzeit). Allerdings muss es für den Dienstherren möglich sein, die Bewährung festzustellen.

Beamtenstatus
Endet bei Beamtinnen das Dienstverhältnis während der Schutzfrist, so enden mit diesem Tag auch die Leistungen aus dem Beamtenrecht, d. h. Dienstbezüge und Beihilfe entfallen. Das bedeutet für Referendarinnen: Ihr Beamtenverhältnis auf Widerruf endet mit dem Tag der Aushändigung des Zeugnisses über die bestandene Zweite Staatsprüfung.

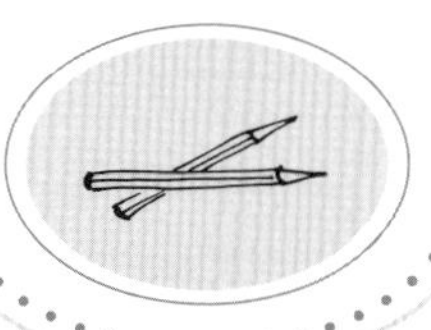

Referendarin und Mutti – Ihr Organisationstalent ist gefragt!

Sind Sie Mutter und Referendarin, Sie müssen ein wahres Organisationstalent sein. Einige Freiheiten, die man sich als alteingesessene, erfahrene Lehrerin guten Gewissens gönnt, kommen für Sie noch nicht in Betracht. Deswegen gilt für Sie:

- Planen Sie Ihren Alltag so genau wie möglich. Es wird nicht funktionieren, immer nur nachts zu arbeiten!

- Organisieren Sie Unterstützung für alle Eventualitäten: Was tun Sie, wenn das Kind krank ist, bei Ihnen aber ein Unterrichtsbesuch ansteht? Wie bereiten Sie sich auf die Prüfung vor und bewältigen diese ohne Unterbrechung?

- Denken Sie an die Formalitäten, erkundigen Sie sich im Zweifelsfall noch einmal vor Ort und halten Sie unbedingt alle Formalia ein. Bei Abgabeterminen von Seminarberichten etc. verstehen die Seminarleiter oftmals keinen Spaß.

- Sprechen Sie alle wichtigen Termine mit der Schulleitung, Ihrem Ausbildungsseminar, Ihren betreuenden Lehrkräften, aber auch mit der Betreuung Ihrer Kinder detailliert ab. Es gibt immer Möglichkeiten, aufeinander zuzugehen, eine offene Kommunikation und die Bereitschaft zu Kompromissen sind aber unerlässlich.

- Halten Sie sich immer an die Absprachen!

WICHTIGE ADRESSEN/LINKLISTE

Gesetze

Mutterschutzgesetz (MuSchG):
https://www.gesetze-im-internet.de/bundesrecht/muschg/gesamt.pdf, abgerufen am 5.12.2016.

Verordnung zum Schutze der Mütter am Arbeitsplatz (MuSchArbV):
http://www.gesetze-im-internet.de/muscharbv/BJNR078210997.html, abegrufen am 5.12.2016.

Arbeitsschutzgesetz (ArbSchG):
https://www.gesetze-im-internet.de/arbschg/, abgerufen am 5.12.2016.

Bundeselterngeld- und Elternzeitgesetz – BEEG,
http://www.gesetze-im-internet.de/beeg/, abgerufen am 5.12.2016.

Literatur

GEW – Die Bildungsmacher: Mutterschutz/Elternzeit/Elterngeld. 2012: http://www.gew-bildungsmacher.de/fileadmin/freie_files/Schullexikon/Elterngeld_Elternzeit_Mutterschutz.pdf

GEW Stadtverband Wuppertal: Mutterschutz am Arbeitsplatz Schule. In: kurz & knapp. Informationen zu Rechtsfragen im Schulalltag. 2015.

Regierungspräsidium Karlsruhe: Merkblatt – Schwangerschaft, Mutterschutz und Elternzeit. 2012.

Bundesministerium der Justiz und für Verbraucherschutz; juris GmbH: Verordnung zum Schutze der Mütter am Arbeitsplatz. 1997.

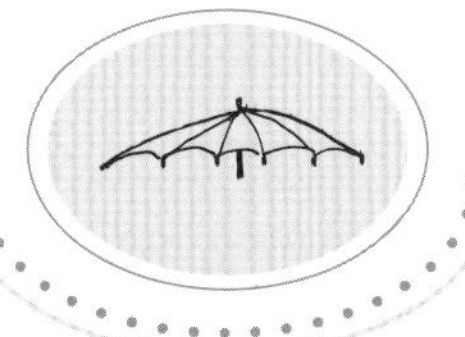

GHRS; Beauftragte für Chancengleichheit im Staatlichen Schulamt Nürtingen für Arbeitnehmerinnen und Beamtinnen: Merkblatt „Schwangerschaft / Mutterschutz im Schuldienst". 2009.
Niedersächsisches Kultusministerium (Hrsg.): Mutterschutz in der Schule. Schwangere Lehrerinnen und Landesbedienstete an niedersächsischen Schulen. 2013.
Bezirksregierung Köln: Mutterschutz für schwangere Lehrerinnen. Ablaufplan: Wer macht wann was? 2014.
Thüringer Ministerium für Bildung, Jugend und Sport: Dienstordnung für Lehrer, Erzieher und Sonderpädagogische Fachkräfte an den staatlichen Schulen in Thüringen. 2011.
Ministerium für Arbeit, Integration und Soziales des Landes Nordrhein-Westfalen: Mutterschutz bei beruflichem Umgang mit Kindern. Gesundheitsgefahren während Schwangerschaft und Stillzeit erkennen und vermeiden. 2013.
Bundesministerium des Innern (Hrsg.): Mutterschutz und Elternzeit für Beamtinnen und Beamte des Bundes. 2010.
Vertretungsblog! Aus der Welt einer Vertretungslehrerin: https://vertretungsblog.wordpress.com, abgerufen am 5.12.2016

Elterngeldstellen
https://www.elterngeld.net/elterngeldstellen.html

Weitere Links
www.elternzeit.de

Bayerisches Beamtengesetz (BayBG) vom 29. Juli 2008
http://www.gesetze-bayern.de/Content/Document/BayBG

Informationen zu Teilzeit und Altersteilzeit
http://www.km.bayern.de/lehrer/dienst-und-beschaeftigungsverhaeltnis/teilzeit-und-altersteilzeit.html

Verordnung über den Mutterschutz für Beamtinnen (Bayerische Mutterschutzverordnung – BayMuttSchV) in der Fassung der Bekanntmachung vom 7. Oktober 2003
http://www.gesetze-bayern.de/Content/Document/BayMuSchV

Verordnung zum Schutze der Mütter am Arbeitsplatz
http://www.gesetze-im-internet.de/muscharbv/index.html#BJNR078210997BJNE000100311

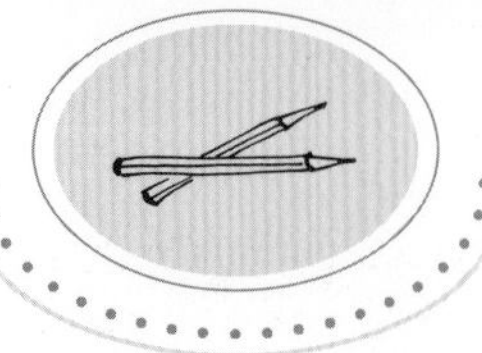

Mutterschutz – Elternzeit – Elterngeld
http://www.gew-bildungsmacher.de/fileadmin/freie_files/Schullexikon/Elterngeld_Elternzeit_Mutterschutz.pdf

http://www.gew-bayern.de/fileadmin/uploads/dokumente/Ratgeber_Arbeitsplatz_Schule/Mutterschutz_und_Elternzeit-09.pdf

http://www.elterngeld.net/elterngeld-antragstellung.html

http://www.bundesversicherungsamt.de/mutterschaftsgeld.html

http://www.bmfsfj.de/RedaktionBMFSFJ/Broschuerenstelle/Pdf-Anlagen/Mutterschutzgesetz,property=pdf,bereich=bmfsfj,sprache=de,rwb=true.pdf

http://www.tresselt.de/gesundheitsschutz.htm

http://www.bad-gmbh.de/

http://www.gew-publikationen.de/uploads/tx_picdlcarousel/RZ_Lep-Mutterschutz_2011.pdf

Verordnung über den Urlaub der Bayerischen Beamten und Richter
http://www.gesetze-bayern.de/Content/Document/BayUrlV-15?AspxAutoDetectCookieSupport=1

Freistellung/Sonderurlaub bei Krankheit eines Kindes
https://www.gew.de/beamte/besoldung/freistellung-bei-erkrankung-eines-kindes/

http://www.beamten-informationen.de/information/urlaub/sonderurlaub